«In Honorem»

El honor, la intimidad y la imagen en la España actual

Diego Muñoz-Perea Piñar

Abogado

MONOGRAFÍA

Proceso Civil

SEPÍN

Editorial Jurídica

© Diego Muñoz-Perea Piñar
© Editorial Jurídica **sepín**, S. L., 2025
A FORUM MEDIA GROUP COMPANY

C/ Mahón, 8
28290 Las Rozas (Madrid)
Tel.: 91 352 75 51
www.sepin.es
sac@sepin.es

Precio: 19,90 euros (4 % IVA no incluido)

ISBN: 978-84-1053-931-0
Depósito legal: M-16527-2025

Producción gráfica: **sepín**, S. L.

Impresión: Service Point, S. A.

A LA SALA PRIMERA DEL TRIBUNAL SUPREMO

Abreviaturas

CC	Código Civil
CE	Constitución Española
CEDH	Convención Europea de Derechos Humanos
CP	Código Penal
LEC	Ley de Enjuiciamiento Civil
LO	Ley Orgánica
PDGDD	Protección de Datos y Garantía de los Derechos Digitales
RDL	Real Decreto Ley
RRSS	Redes Sociales
STC	Sentencia del Tribunal Constitucional
STS	Sentencia del Tribunal Supremo
St.	Sentencia
TC	Tribunal Constitucional
TRLRCSCVM	Texto Refundido de la Ley sobre Responsabilidad Civil y Seguro en la Circulación de Vehículos a Motor
TS	Tribunal Supremo

Latinismos

(Para lectores no familiarizados con terminología habitual en Derecho)

Ad personam: A título personal.

Dies a quo: El día desde el cual. Se utiliza para referirse a la fecha en la que comienza el día del cómputo de un plazo. Contrapuesto al *diez ad quem*.

Dies a quem: Hasta el cual. Se utiliza para referirse al día en que finaliza el cómputo de un plazo.

Lex artis: Ley del arte. Se utiliza para referirse al conjunto de conocimientos y reglas de conducta que rigen un determinado gremio (arquitectos, periodistas, médicos, etc.).

Lex Suprema: Ley Suprema. También se utiliza para referirse a la Constitución española.

Mens legislatoris: Mente del legislador. Se refiere a la intención o voluntad del legislador al crear una ley o norma legal. Es la idea o propósito que guía la elaboración de la ley, y los tribunales suelen considerar este factor al interpretar y aplicar la legislación.

Norma normarum: Norma de normas. Se utiliza para referirse a la Constitución española.

Summa gravaminis: La traducción literal es "suma de agravios" o "suma de perjuicios". En contexto legal, se refiere a la cantidad mínima de agravio o perjuicio que debe sufrir una parte para que se considere admisible un recurso contra una resolución judicial, como una apelación o un recurso de casación.

Ut supra: Como arriba. Se utiliza para referirse a lo escrito más arriba en un documento.

Prólogo

El respeto al Estado de Derecho es el nervio ético y más sensible de la convivencia en libertad entre los seres humanos. La certeza de que las diferencias, las posibles agresiones y las infracciones de las normas se resuelven de manera pacífica mediante la aplicación de la ley es garantía de una sociedad sana.

La superioridad del Derecho –que consiste en hacer real el viejo brocardo "Ius est suum cuique tribuere", es decir, dar a cada uno lo suyo– constituye la clave de bóveda de un mundo civilizado. La garantía de la vigencia y protección de los derechos, así como la existencia de instrumentos ágiles para reivindicar su reparación pacífica cuando son vulnerados, es la manifestación más clara de ello.

Este principio adquiere su mayor valor cuando hablamos de la protección de los derechos que constituyen el núcleo esencial de la dignidad humana, aquello que nos hace singulares y relevantes o, como dice la Escritura, lo que acredita que fuimos creados a imagen y semejanza de Dios. Me refiero a los derechos al honor, a la intimidad y a la propia imagen.

A ellos va dedicado este magnífico libro. Magnífico por ser breve, claro y pedagógico.

Desde que aprobé la oposición al cuerpo de letrados del Consejo de Estado en 1988, y más tarde la oposición a titular de Derecho Administrativo, he leído muchísimos libros, ensayos, publicaciones y sentencias sobre esta materia. He sido abogado en pleitos muy relevantes en defensa del honor, la intimidad y la imagen. Acudo a esa experiencia para afirmar, con pleno conocimiento, que este libro de Diego Muñoz merece ser leído.

Y no solo merece ser leído, sino que su lectura es muy recomendable tanto para abogados en ejercicio como para estudiantes, e incluso para cualquier persona interesada en la cultura en su sentido más amplio.

El autor logra exactamente lo que se propone. Lo manifiesta abiertamente en su introducción: se trata de crear una obra que ayude a comprender una faceta esencial de la convivencia. Y lo logra aplicando una metodología sencilla para explicar, con claridad, una materia tan delicada y trascendente.

Me he sentido especialmente identificado cuando el autor menciona que busca aplicar la metodología del viejo profesor Castán Tobeñas. Eso mismo decía yo a mis alumnos cuando empecé a impartir clases de Derecho Administrativo, a los veinticuatro años, en tercero y cuarto de carrera, en la Universidad Complutense de Madrid.

Mi maestro, el profesor Eduardo García de Enterría es el autor del que, sin duda, es el mejor y más brillante manual de Derecho Administrativo. Su comprensión requiere una lectura reposada y muchas veces volver sobre el mismo párrafo para entender bien lo que el maestro escribe. Lo que hacía en mis clases era aplicar el método Castán Tobeñas al libro del Maestro. Mis alumnos —algunos hoy letrados del Consejo de Estado, abogados del Estado, notarios, registradores, jueces, fiscales, catedráticos o, simplemente, jugadores de golf— podrán juzgar si lo logré. Lo que sí puedo decir, sin duda alguna, es que Diego Muñoz ha logrado su objetivo con este libro.

La obra tiene la virtud de recoger y sintetizar lo existente en la legislación, en la jurisprudencia y en la doctrina. El autor tiene el acierto de valorar que, en una materia como esta, la vigencia de lo que él denomina "una ley viva" ha sido un verdadero éxito.

En efecto, la Ley Orgánica 1/1982 —que lleva por título *de protección civil de derecho al honor de la intimidad personal y familiar y a la propia imagen*—, tiene hoy 43 años de vigencia. El texto es uno de los primeros frutos normativos del consenso constitucional que en 1978 tuvo la extraordinaria virtualidad de poner en marcha un proceso democrático que le ha dado a la historia de España sus años más felices, por más que minorías de muy distinto símbolo y aspiraciones pretendan socavar ahora sus fundamentos. La sabiduría del legislador le orientó a redactar una norma que, con el fin de ser eficaz, definió los fundamentos como los principios esenciales para la defensa y protección de eso derechos. A partir de ellos, la norma ha dejado en manos de la jurisprudencia, singularmente de la prestigiosa y cualificada Sala Primera del Tribunal Supremo, su interpretación y aplicación concretas. De ahí que la virtualidad de este libro sea ilustrar cada capítulo con escogidas y relevantes decisiones judiciales.

A la claridad sistemática de la obra se suma una dosis de picardía. El autor presenta una amable, expresiva y simpática colección de anécdotas que ilustran los distintos propósitos explicativos del libro. Con ello, añade a la precisión expositiva un toque de realidad que convierte este trabajo en un eficaz instrumento pedagógico.

Conviene también destacar que el autor aborda temas novedosos dentro del ámbito de la protección de estos derechos fundamentales. Un magnífico ejemplo de ello es el capítulo dedicado al impacto de las redes sociales y la proyección de la intimidad personal en estos espacios. La sentencia que se analiza en este capítulo está particularmente bien elegida: se trata de la que dictó la Sala de lo Civil del Tribunal Supremo —a la que, con justicia, el autor elogia en varias ocasiones—, en la que se establece el deber de "vigilancia reactiva".

Esta categoría permite imputar responsabilidad por daño al honor a quien, teniendo la posibilidad de borrar en sus redes sociales un contenido publicado por un tercero que incurra en actos ilegítimos, no lo hace. Así, convierte la plataforma de la que es titular en un espacio para la perpetración de un daño cierto y objetivo.

Muchas son las enseñanzas prácticas de este libro, que, en definitiva —y como bien afirma el autor en un pasaje certero—, ayuda al lector a recorrer ese camino en el que, si uno se adentra en el estudio del Derecho, acaba descubriendo su belleza: una belleza que no es otra que entender que conocer el Derecho es conocer al ser humano.

Ni más ni menos.

Estoy seguro de que Luján, hija del autor, a quien menciona con afecto a sus trece años, llegará a esta misma conclusión tras la lectura de estas páginas paternas.

José María Michavila
Exministro de Justicia.
Letrado del Consejo de Estado

En Candeleda, junio de 2025

Sumario

Introducción

Siempre me han gustado los números, las matemáticas, las estadísticas; no mienten, no son interpretables. En un mundo que es subjetivo por definición —el mundo jurídico— las matemáticas se convierten en un contrapeso, en verdades objetivas, en certezas de las que partir. Y estos números, concretamente las estadísticas, nos dicen que el honor, la intimidad y la imagen —el tema de este libro— además de ser relevantes cualitativamente, también lo están siendo cuantitativamente.

Dos datos muestran esta realidad actual:

> Para vulnerar tales derechos fundamentales se requiere la publicidad. Hasta hace relativamente poco, tal publicidad —salvo excepciones— solo estaba en manos de quienes tenían acceso a los medios de comunicación que hoy llamamos "tradicionales": prensa, radio y televisión. ¿Qué proporción de españoles tenían acceso a tal publicidad? Desconozco ese dato, pero imagino que el porcentaje sería ínfimo. El dato que sí tengo es el porcentaje actual de españoles que pueden publicar y difundir información, y así lo hacen constantemente: según el Instituto Nacional de Estadística (INE), en 2024, el 95,8 por ciento de la población española de entre dieciséis y setenta y cuatro años utilizó Internet en los últimos tres meses. De estos usuarios, el 64,7 por ciento participó activamente en redes sociales, lo que representa aproximadamente al 62 por ciento de la población total en ese rango de edad. Por tanto, ¿cuántas vulneraciones se producen diariamente?

> Más del 50 por ciento de las sentencias de la Sala Civil del Tribunal Supremo son sobre estos derechos fundamentales: el honor, la intimidad personal y familiar y la imagen. Y tal proporción no hará sino crecer, porque desde la reforma casacional de verano de 2023 —RDL de 28 de junio de 2023— con la que se ha suprimido el acceso por la cuantía (la *summa gravaminis*), quedando la tutela de derechos fundamentales como la única materia que tiene acceso *per se* a la Sala Primera de nuestro más alto Tribunal.

A los números hay que añadir que este asunto muestra dos posturas enfrentadas, cada vez más polarizadas. Tenemos, por un lado, a quienes consideran la libertad de expresión e información como un diosecillo, una facultad intocable, que debe ser respetada a cualquier precio —incluso a costa de la dignidad del prójimo—; y por el otro, a quienes tienen "la piel fina", a los que todo les molesta, les ofende, les crea ansiedad.

De esto va la regulación del honor, la intimidad y la imagen: de mediar entre estas dos posturas, de poner a cada uno en su lugar. Como decían los romanos, de *"dar a cada uno su derecho"*[1].

Esta finalidad de conciliar posturas contrapuestas es, precisamente, lo más propio del derecho de la Tierra Común de Castilla; sus instituciones siempre se han caracterizado por buscar la armonía entre escuelas o tendencias, aparentemente, irreconciliables. Frente a la conjunción disyuntiva protestante "o" (santo "o" pecador, rico "o" pobre, bueno "o" malo), Castilla siempre ha preferido la conjunción copulativa católica "y", que acoge lo bueno de cada cosa, de cada postura. A esta premisa obedecen dos de las instituciones más "nuestras": el régimen económico matrimonial de gananciales –también conocido como castellano– que no es sino la armonización del régimen de separación y el régimen de comunidad plena; o el sistema de legítimas, que no es sino la conciliación de la libertad absoluta del testador y la distribución ordenada legalmente según los derechos de la familia del finado.

En nuestro caso, como veremos a lo largo del libro, han sido hacedores de esta tradición el Tribunal Constitucional y, sobre todo, el Tribunal Supremo. Y ¿qué parámetros son estos? ¿Qué configuración jurídica tienen aquí (España) y ahora (momento presente)? Pues a tales preguntas pretende dar respuesta esta monografía, estructurada en tres partes:

¿Por qué es tan importante esta institución en derecho?

¿Cuáles son los parámetros principales de su configuración actual?

¿Cuáles son los retos de futuro? Redes sociales y personas jurídicas.

Dicho, pues, de qué va el libro, quiero también advertir de qué NO va el libro: no busco agotar la materia ni dar formularios o estrategias prácticas de cómo enfrentar una demanda judicial sobre el honor, la intimidad y la imagen –ya hay muchos–. El objetivo es más sencillo: explicar de forma clara los parámetros que rigen esta figura jurídica en el derecho español. Las leyes cambian mucho, los fundamentos y las naturalezas jurídicas cambian poco.

Por último, y antes de entrar en materia, quiero señalar que he intentado seguir, más bien imitar, la forma de explicar las cosas del maestro don José María Castán Tobeñas[2], aunque sé de antemano que es un imposible el que ni si quiera me acerque a su estilo. Prueba de la genialidad del citado autor es que conseguía que cualquiera pudiera leer los "castanes" sin ningún esfuerzo –y él sí que agotaba cualquier materia–; cuántos autores –catedráticos incluidos–escriben cosas ininteligibles. Cómo no acordarse de la frase de Albert Einstein: *"si no lo puedes explicar de forma sencilla, es que no lo entiendes lo suficientemente bien"*.

Para quien no conozca a Castán o sea lego en derecho, tómese como ejemplo de lo que quiero decir la explicación de Leopoldo Abadía[3] sobre la crisis hipotecaria de 2008

---

[1] Ulpiano. Jurista romano del siglo III d. C.

[2] Catedrático de Derecho Civil fue magistrado del Tribunal Supremo, tanto durante la República como durante el Régimen franquista, lo que denota la grandeza de este jurista. Enemigos tan antagónicos –se mataban en el campo de batalla– coincidían en reconocer en Castán al mejor presidente que la nación podía dar a su más alto Tribunal; su obra cumbre, *Derecho español, común y foral*, es imprescindible para entender el Derecho Civil.

[3] Profesor y escritor español (Zaragoza 1933), conocido por su capacidad para explicar de manera sencilla y amena conceptos económicos complejos. Doctor en Ingeniería Industrial, fue profesor durante

–busquen en Google y véanlo– que popularizó el término "ninja". Consiguió que cualquiera –incluso yo mismo– entendiera perfectamente los porqués de la crisis de 2008. Muy grande, Leopoldo.

¡Ese es mi objetivo! Explicar el asunto de forma sencilla, para que se entienda lo suficientemente bien. Después de leerlo... ustedes dirán.

más de 35 años en el IESE de la Universidad de Navarra, impartiendo la asignatura de Política de Empresa. Saltó a la fama con su libro *La crisis ninja y otros misterios de la economía actual*, en el que analiza la crisis financiera de 2008 con un enfoque claro y accesible para el público general. Además, ha escrito numerosas obras sobre economía, familia y sociedad, consolidándose como un referente en divulgación económica en el mundo hispanohablante. https://www.youtube.com/watch?v=IU-j2mIwOpE.

¿Por qué es tan importante esta institución en derecho?

"Al rey la hacienda y la vida se ha de dar, pero el honor
es patrimonio del alma, y el alma solo es de Dios" [4]
Pedro Crespo, personaje principal de *El alcalde de Zalamea*
Pedro Calderón de la Barca

I. Importancia

1. Antes

Cuentan las crónicas que, en pleno siglo xvi, una manera de disciplinar a la soldadesca —más concretamente a los *"soldados viejos del tercio"*— era cortándoles las orejas. El objeto de esta disciplina, más que el evidente castigo físico, era mostrar pública y permanentemente que el soldado disciplinado había cometido un acto de deshonor; por ejemplo, haberse sublevado contra su rey y señor —rey que sencillamente no siempre le pagaba y, claro, el soldado, después de dejarse la vida por el Reino, se enfadaba un poco—. Igualmente, cuentan las crónicas —para mí, las novelas de Arturo Pérez-Reverte— que, ante tal disyuntiva, el soldado disciplinado, antes que sufrir este oprobio prefería el castigo de muerte, es decir, prefería morir con honor, que vivir deshonrado. Y así ocurría: el soldado era ahorcado, pero su honor permanecía incólume —y su majestad se ahorraba una "nómina"—.

Esta costumbre militar la leí en una épica novela del citado Pérez-Reverte sobre el famoso capitán —que no era capitán— don Diego Alatriste y Tenorio, cristiano viejo y castellano puro.

No sé si esa práctica se aplicaba en realidad o es fruto de la ficción del autor, pero sí que sabemos del concepto de honor de esa España, en ese contexto y en ese momento histórico: la guerra de los Ochenta Años (1568-1648).

Como ejemplo, el famoso Milagro de Empel, que llevó a proclamar a la Inmaculada Concepción como patrona del Arma de Infantería. Recordemos este milagro, cuyo relato[5], a día

---

[4] Esta frase sintetiza la visión del honor en la España del Siglo de Oro. El personaje de Pedro Crespo —y, al parecer, también protagonista de otras obras de Calderón—, estaba inspirado en Lope de Figueroa, militar español del siglo xvi, capitán de los Tercios españoles en Flandes, conocido por su participación en diversas campañas durante el reinado de Felipe II.

[5] Web del Ministerio de Defensa.

de hoy, se sigue leyendo todos los años, cada 8 de diciembre, en los cuarteles de la Infantería española:

> Diciembre de 1585 durante la guerra de los Ochenta Años en Flandes. El Tercio del maestre de campo Francisco Arias de Bobadilla se encontraba sitiado en la isla de Bommel, entre los ríos Mosa y Waal, por una flota neerlandesa al mando del almirante Filips van Hohenlohe-Neuenstein. Tras días de combate y en condiciones extremas de frío y hambre, el enemigo ofreció una rendición honrosa. La respuesta de Bobadilla fue contundente: ***los infantes españoles prefieren la muerte a la deshonra. ya hablaremos de capitulación después de muertos***".

> Esa misma noche, un soldado español encontró una imagen de la Inmaculada Concepción mientras cavaba una trinchera. Interpretando el hallazgo como una señal divina, los soldados colocaron la imagen en un improvisado altar y se encomendaron a la Virgen. Inesperadamente, se desató un viento frío que heló las aguas del río Mosa, permitiendo a los soldados españoles atacar por sorpresa a la flota enemiga caminando sobre el hielo. La victoria fue total, y el almirante Hohenlohe llegó a exclamar: *"Tal parece que Dios es español al obrar, para mí, tan grande milagro"*.

Dejo a un lado lo fundamental de esta historia, que es el hecho extraordinario de la inesperada congelación del río Mosa –casualidad para unos, milagro para otros– para resaltar dos aspectos que son los que aquí nos interesan:

> – Esto es un hecho histórico; sucedió realmente. Existe constancia de ese sitio militar, de esas condiciones atmosféricas, de esa superioridad del ejército protestante, de esa inferioridad católica.

> – Igualmente es histórica la respuesta española a la generosa oferta holandesa: *"Los infantes españoles prefieren la muerte a la deshonra. Ya hablaremos de capitulación después de muertos"*.

Luego pasó lo que pasó, pero los "milagrados" no eran también profetas –no nos consta al menos–; es decir, no esperaban el hecho extraordinario de la congelación del río, por lo que sus palabras estaban destinadas a cumplirse: iban a una muerte segura. Preferían morir a vivir sin honor... y esto es un hecho documentado históricamente que denota cuál fue la constante de esa España, en ese contexto y en ese momento histórico: el HONOR era más importante que la propia vida.

2. Ahora

Veamos otra España, otro contexto, otro momento histórico.

La función del Tribunal Supremo es doble en el contexto actual: la **función uniformadora**, en pro del principio de seguridad jurídica –9.3 de la Constitución Española (en adelante, CE)– y la **función tuitiva**, en pro de resolver sobre las materias más graves. Igualmente, también es sabido que, desde su creación, el legislador ha estado cavilando cómo evitar que nuestro más alto Tribunal se convierta, de hecho, en una tercera instancia; es decir, tratando de limitar los asuntos que tienen entrada al mismo, para que no resulte colapsado y, consiguientemente, quede desnaturalizado al perder su doble finalidad tuitiva y uniformadora. Muy conocido es el intento de derivar las cuestiones procesales a los Tribunales Superiores de Justicia de las comunidades autónomas, intento fallido por obra y gracia de la famosa Disposición Final 16 de la Ley Ritual Civil: *"régimen transitorio en materia de recursos extraordinarios"*.

En verano de 2023, el legislador insistió, esta vez con éxito, en su propósito de limitar los asuntos que podían llegar a la Sala Primera —me limito solo a la jurisdicción civil—. Así, el RDL de 28 de junio de 2023 unificó ambos recursos (el de forma y el de fondo) en la misma denominación "casación", y, en lo que a nosotros interesa, mantuvo íntegra la función uniformadora (aunque alterando su procedimiento), pero limitó la función tuitiva.

Y aquí llegamos al meollo de la cuestión. Recordemos que la función tuitiva no es sino la protección por parte del Tribunal Supremo de las materias más graves, tales eran:

- La *summa gravaminis*, esto es, cualquier materia cuya cuantía superaba los 600.000 euros (fue creciendo con el tiempo; hasta hace poco eran solo 150.000 euros).

- Los derechos fundamentales, que en la jurisdicción civil, en la práctica, se reducen al honor, la intimidad personal y familiar, y la imagen (art. 18 CE).

Con esta reforma (RDL de 28 de junio de 2023) se suprime la *summa gravaminis*, quedando reducida la función tuitiva del Tribunal Supremo a la tutela del honor, la intimidad y la imagen.

Esto es lo destacable de esta España: de toda la jurisdicción civil (que, sin duda, es la más importante, no en vano se la llama "madre y maestra" de las demás jurisdicciones, por eso es la Sala primera del TS), la única materia que tiene acceso *per se* a nuestro más Alto Tribunal es el derecho al honor, la intimidad y la imagen.

Piénsese en la traducción práctica de esta reforma legislativa: el legislador actual ha considerado más grave, más digno de protección, un procedimiento en el que se dirime el haber publicado una foto mía en Instagram etiquetándome y sin mi consentimiento expreso, que una herencia en la que se decide sobre un caudal hereditario de ocho millones de euros (o quince, o veinte millones, o la cifra que se quiera); yo tendría acceso a casación y amparo del Tribunal Constitucional; la herencia, no. O, por poner otro ejemplo, es más relevante la defensa de la reputación de un negocio de reparación de calzado que ha sido criticado injustamente en el periódico local, que un procedimiento judicial en el que se dirima la responsabilidad civil por el fallecimiento de dos personas en un accidente de tráfico (con las cuantías astronómicas que según el baremo de tráfico pueden darse); el primero es un juicio preferente con intervención del Ministerio Fiscal; el segundo, no.

Lo que he querido mostrar con estos dos ejemplos tan distantes en todo (en el tiempo, en el espacio y en la materia) creo que es evidente: que para el ser humano el honor no es que sea importante, sino que es lo más importante.

¿Qué es lo peor que le puede pasar a quien va a combatir a una guerra? La primera respuesta que nos viene a la cabeza es que muera, que quede gravemente lisiado, ciego, tetrapléjico. El ejemplo dado *ut supra* nos muestra que no siempre es así; al menos para un *"soldado viejo del tercio"* –y seguro que no es el único ejemplo histórico; piénsese en la carga suicida de la caballería polaca contra los Panzer germanos (1939)[6], o en la dirigida por Lord Cardigan en la batalla de Balaclava (1854)[7]–; hay algo peor que morir o quedar lisiado: vivir sin honor.

Lo mismo ocurre con el otro ejemplo. Quien conoce físicamente las dependencias del Tribunal Supremo sabe que las jurisdicciones están representadas por colores; colores que, a su vez, tratan de representar la esencia de la jurisdicción. Así, la Sala de lo Penal es de color rojo, porque representa la sangre, porque lo más relevante en tal jurisdicción son los delitos de sangre; y la Sala de lo Civil es de color amarillo o dorado, porque representa el dinero, que es de lo que van, en última instancia, los pleitos civiles. Pero la realidad es que, en civil, la importancia del dinero es solo cuantitativa –la mayoría de los procedimientos civiles responden a un interés económico–, porque la primacía, cualitativamente hablando, se la lleva el honor.

Creo que pueden ponerse infinidad de ejemplos, de otros tiempos, de otros lugares y de otras materias, y siempre llegaríamos a la misma conclusión: la relevancia y transcendencia que da el ser humano al honor.

II. El porqué

¿Por qué? ¿Por qué es fundamental el honor para el hombre? Porque es lo que nos hace humanos, lo que nos define como ser humano y a su vez nos diferencia de lo no humano. Consideremos estas afirmaciones:

1. Diferencia de lo NO humano

De una manera más vulgar, pero muy ilustrativa, el honor es lo que nos diferencia de lo NO humano, principalmente de nuestros "competidores" en la condición de ser "humanos": los animales y las máquinas.

A) Animales

Quiero empezar destacando que esta no es una cuestión baladí. En el momento actual existen grupos de presión, e incluso partidos políticos, que buscan sinceramente esta equiparación: que los animales sean considerados seres vivos, tan dignos como el ser humano, e incluso, a veces, más dignos que el ser humano, porque ellos no estropean el planeta.

---

[6] Sabiendo que enfrentaban una fuerza mecanizada muy superior, los lanceros polacos de la 18.ª División de Caballería cargaron contra las líneas alemanas con la certeza de que la muerte era el único desenlace posible. No fue un acto de locura, sino de honor: preferían caer con dignidad antes que rendirse sin luchar. Aunque su valentía no detuvo la invasión, su sacrificio quedó grabado en la historia como un símbolo de la resistencia polaca.

[7] Conscientes de que marchaban hacia una muerte segura, los jinetes británicos de la Brigada Ligera no dudaron al recibir la orden de cargar contra los cañones rusos. No fue estrategia ni victoria, sino puro honor: una obediencia feroz a su deber y un desprecio absoluto por la supervivencia. Atravesaron el valle bajo fuego enemigo sin titubear, dejando un legado de coraje que trascendió la derrota y se convirtió en leyenda.

La respuesta que se suele dar es que, si bien es cierto que pueden ser titulares de derechos (algunos tienen ya, aunque sea por concesión del ser humano), nunca podrán ser sujetos de obligaciones. Un animal no puede tener deberes u obligaciones. Siempre que escucho este argumento pienso que no es exacto; aunque no pueden tener cualquier obligación o deber, sí pueden tener algunos: a un perro se le puede enseñar que no puede comer hasta que no levante la pata, o que haga sus necesidades en un sitio (arenero) o en un momento determinado (cuando se le saca de paseo). ¿No son esto obligaciones?

La respuesta, para mí al menos, es más profunda: los animales no pueden, ni podrán nunca (por su propia naturaleza), ser titulares del derecho al honor, del derecho a la intimidad personal o familiar, del derecho a la imagen.

¿Alguien piensa que un delfín —el animal más inteligente, según dicen— pueden sentirse deshonrado o herido de alguna manera porque exista un reportaje televisivo en el que le graban procreando, haciendo sus necesidades, pegando saltitos completamente desnudo mientras que retoza con otros delfines también desnudos? Hasta hace poco, media España "siesteaba" viendo este tipo de reportajes; nunca hubo una demanda judicial, ni siquiera una protesta, por vulneración de los derechos de los delfines. Los leones, elefantes y ornitorrincos tampoco se molestaron nunca.

Imagínense que un perro sin dueño, de una raza considerada peligrosa, anda suelto por un pueblo. Entonces, el Ayuntamiento de la localidad publica en las redes sociales un bando municipal y un comunicado en el que avisa de que el animal está merodeando por los alrededores, que puede transmitir enfermedades, porque nunca ha pisado un veterinario, que es peligroso y que su aspecto es espantoso porque debe de tener una enfermedad cutánea; además, añade en su aviso municipal, sin consentimiento firmado del perro, una foto que hizo un vecino. Nadie en su sano juicio pensará que el perro, además de abandonado y enfermo, tiene que soportar la vulneración de sus derechos fundamentales. El perro, con toda su empatía, ni se reconoce en un espejo.

Un caso real: el de la vaca de los anuncios de Milka —la de los chocolates tan ricos—, esa que salió pintada de morado, con el logo de la empresa, diciendo *muuuu*, y, por cierto, con las "ubres" al aire. ¿Alguien puede pensar que después de este anuncio la vaca pasó casi un año sin salir del establo por el ridículo que hizo y la vergüenza que le provocó entre sus familiares y amigos más cercanos?

La conclusión es obvia. Los animales pueden estar protegidos en su integridad física (ya lo están en cierta medida), en su *bien-estar* animal (también hay medidas a este respecto); se tienen en cuenta sus necesidades en los convenios de divorcio, con su régimen de visitas y estancias con los antiguos cónyuges; se les entierra con toda solemnidad (en Reino Unido esto pasa desde hace generaciones); se dejan partidas hereditarias para su cuidado (es decir, que en cierto modo heredan), entre otras muchas cosas. Pero nunca podrán ser titulares de los derechos fundamentales del honor, intimidad e imagen, porque **no son humanos**, son animales. Y por mucho que se modernice y actualice el derecho, a cualquier animal le va a seguir importando un pimiento la utilización de su imagen, la protección de su esfera privada, o que alguien diga que huele mal y es muy feo.

B) Máquinas

Otros competidores que no paran de sumar puntos en su carrera por parecer humanos son las máquinas. Sus avances no descansan en la empatía que generan –como ocurre con los animales–, sino en lo que son capaces de llegar hacer, igual o mejor que un ser humano. En este caso, la respuesta recurrente es que, por muchas tareas que puedan hacer las máquinas, nunca podrán crear arte, no podrán escribir poesía o pintar un cuadro. La refutación ya la tenemos con el desarrollo de la Inteligencia Artificial ¿Cómo que no pueden crear arte? Ya lo hacen; quien no haya hecho la prueba, que lo haga: chatGPT escribe una poesía o pinta un cuadro en cuestión de segundos, del tema que se quiera; y mucho mejor que la mayoría de los seres humanos.

Vamos a suponer que aún llega mucho más lejos de su desarrollo actual; vamos a ponernos futuristas y a aventurar que la IA consigue pensar por sí misma; imagínense que llega a ser realmente autónoma, a tomar sus propias decisiones al margen del ser humano –como en la película *The Terminator*[8] (la primera, que es la buena)–. En este caso, que a día de hoy es pura ciencia ficción, la respuesta sería la de la propia película: las máquinas no solo no necesitarán la protección del ordenamiento jurídico, sino que serían nuestro enemigo; o, más bien, nosotros el suyo, como en la *peli*. Tendría que nacer John Connor para salvarnos.

Bromas aparte, la conclusión es clara: por mucho que se desarrolle la incipiente IA nunca estará entre sus necesidades la protección de su dignidad. Ni está ni se la espera.

2. Lo que nos define como humanos

El honor, la intimidad y la imagen nos definen como humanos, por eso –en el reverso del hilo argumental que estoy siguiendo– vemos que tales derechos subsistirán en todo hombre, en cualquier lugar y en cualquier momento de su vida, que son intangibles. Siempre que se pretende quitar la condición "humana" a un ser humano –lo cual en sí mismo es imposible– lo primero que se intenta es quitarle su dignidad, lo que se traduce en deshonrarle y privarle de intimidad.

Piénsese en los campos de concentración del siglo xx que todos tenemos en la retina. Lo primero que se hacía en estos campos era, por la vía de los hechos, arrancar a los prisioneros lo que les definía como humanos:

– Se les privaba de todo aquello que les definía como personas «únicas e irrepetibles»: les quitaban los objetos personales (anillos, amuletos, etc.), les rapaban la cabeza, los vestían iguales, les quitaban el nombre, asignándoles un número (que les tatuaban como al ganado), entre otras cosas.

– Igualmente, se les negaba hasta la más mínima intimidad: a veces formaban desnudos, dormían hacinados en barracones, no tenían nada propio ni característico.

---

[8] Película de ciencia ficción y acción dirigida por James Cameron, estrenada en 1984. Protagonizada por Arnold Schwarzenegger, Linda Hamilton y Michael Biehn, la historia sigue a un cyborg asesino enviado desde el futuro para eliminar a Sarah Connor, cuyo hijo, aún no nacido, será clave en la futura resistencia humana contra las máquinas. El punto central de la película es la rebelión de la inteligencia artificial, representada por *Skynet*, un sistema de defensa que adquiere conciencia propia y considera a la humanidad una amenaza, desatando una guerra con el objetivo de exterminar a la especie humana. La película se convirtió en un clásico del género y dio origen a una exitosa franquicia cinematográfica.

Por su puesto, la intimidad familiar era inconcebible, porque también se les separaba por sexo y edad, como a los animales.

– Los deshonraban constantemente con humillaciones verbales y físicas.

Este comportamiento era la lógica consecuencia de pensar que los judíos eran seres vivos, pero no eran seres humanos. En los testimonios de los supervivientes siempre se oye que para poder sobrevivir tenían que estar constantemente recordándose que eran humanos.

3. Necesitado de protección

Cabría decir que también es característico y diferenciador del ser humano el libre albedrio, la capacidad para decidir entre el bien y el mal; la tendencia al mal –lo que en el cristianismo se llama pecado original–, la fuerza para hacer el bien –lo que en el cristianismo se llama gracia–.

Esto tampoco lo tienen los animales ni las máquinas. No es una facultad común a todo ser humano, siempre y en todo momento –piénsese en un recién nacido o alguien en estado de coma–. El honor sí lo tiene todo ser humano en cualquier estado o condición.

En lo que aquí interesa, no obstante, cabe argumentar que el libre albedrío no es un valor jurídico necesitado de protección.

III. Conclusión

Todo lo dicho hasta ahora responde a por qué el honor –que no es sino la dignidad humana– es el valor jurídico más relevante en la jurisdicción civil; lo cual no es sino la consecuencia del valor que le da el propio ser humano. El derecho, en su sentido más amplio (ley, costumbre y principios generales), no hace sino dar forma jurídica a la realidad social; por ello, el honor tiene la más alta protección que puede dar nuestro ordenamiento jurídico: amparo al Tribunal Constitucional, acceso *per se* al Tribunal Supremo, además de un procedimiento preferente del que siempre será parte –para su defensa– el Ministerio Fiscal.

"Quien pierde su honor, no tiene más que perder"[9].

---

[9] Publio Siro, escritor y poeta latino del siglo I a. C.

¿Cuáles son los parámetros principales de su configuración actual?

"La libertad de uno termina donde comienza la del otro"
John Stuart Mill[10]

Vistos los porqués de la trascendencia del honor, la intimidad y la imagen, el objetivo de este segundo capítulo es ver su configuración jurídica en el aquí y ahora, en la España presente. Cómo no, empezaremos por sus fuentes legales, luego veremos cuáles son los elementos claves de su configuración, para acabar con las peculiaridades procesales de la defensa jurídica de la dignidad humana.

I. Fuentes legales

Tengo un amigo, José Luis se llama, que tiene una formula infalible para detectar en uno o dos minutos cuándo hay un piloto (de avión o de helicópteros) en una fiesta o en cualquier reunión, por muy numerosa que sea. "¿Cómo es eso Chele —es el mote de José Luis—? Muy fácil, y en realidad no tienes que hacer nada, porque llega el piloto y te lo dice; aunque estemos hablando de lo buenas que están las croquetas, el piloto te hace saber que él es piloto. Se deja de hablar de las croquetas y se habla de aviación; mil preguntas, mil curiosidades, mil batallitas; y a uno, claro, ni se le pasa por la cabeza decir que se dedica al derecho, no vaya a ser un waterparties".

El derecho tiene mala prensa; es casi como el dinero o la política, un mal necesario. Creo realmente que es porque no se conoce; o, mejor dicho, porque solo se conoce la superficie: preceptos legales, normativas, reglamentos. Así suena fatal. Pero si uno se adentra un poco en él, si se profundiza, ahí es donde se encuentra, si se me permite, la belleza del derecho. Cada precepto legal tiene un porqué, un fundamento y una naturaleza que, a su vez, responde a la idiosincrasia de un determinado pueblo y un determinado momento histórico. Y luego está la parte más interesante, su aplicación, donde muchas veces se cumple aquello de que la realidad supera la ficción. Conocer el derecho es conocer al ser humano.

---

[10] Filósofo, economista y político británico (1806-1873).

Esta parte del libro trata de las **fuentes legales**, es decir, las leyes en sentido estricto, al desnudo –ni los porqués ni su aplicación–, que son, como decimos, las que hacen parecer feo el derecho. Pero hay que conocer la ley, es el punto central, es obligado.

Intentaré hacerlo de la manera más escueta y ligera posible.

1. Derecho supranacional

En el ámbito internacional, debemos señalar que, en el actual cuerpo legal nacional, se han tenido en cuenta los tratados y convenios internacionales, ratificados por España, en cuanto al honor, intimidad e imagen. Entre los que destacamos:

A) Declaración Universal de Derechos Humanos de 1948

Concretamente, su art. 12 establece que nadie será objeto de injerencias arbitrarias en su vida privada, su familia, su domicilio o su correspondencia, ni de ataques a su honra o reputación. Además, toda persona tiene derecho a la protección de la ley contra tales injerencias o ataques.

B) Convención de los Derechos del Niño de 1989 (ratificada por España en 1990)

En especial su art. 16, que establece que ningún niño será objeto de injerencias arbitrarias o ilegales en su vida privada, su familia, su domicilio o su correspondencia, ni de ataques ilegales a su honra y reputación. Se reconoce el derecho del niño a la protección de la ley contra tales injerencias o ataques.

C) Carta de los Derechos Fundamentales de la Unión Europea (2000)

Su art. 7 protege el derecho respeto de la vida privada y familiar. Que, aunque es posterior a la LO reguladora del honor en España, es directamente aplicable en virtud del principio de primacía del derecho comunitario sobre los derechos nacionales.

2. Constitución Española

La Constitución es la *Lex Suprema* que, en lo que al honor se refiere, sienta tres criterios:

A) Competencia territorial, estatal (149 CE)

Es competencia exclusiva del Estado. Aunque no se cita expresamente en el artículo que detalla lo que es competencia exclusiva del Estado –el art. 149 CE– no hay ninguna duda de que así es, como confirma, entre otras, la STC 1217/1993 al subrayar que *"el desarrollo legislativo de los derechos fundamentales solo puede hacerse mediante leyes estatales"*.

B) Competencia funcional, Poder Judicial (26 y 117 CE)

Aunque parezca una evidencia, es obligado decir que su defensa *"(...) corresponde exclusivamente a los juzgados y tribunales determinados por las leyes (...)"*, en el ejercicio de su potestad jurisdiccional (art. 117 CE); y nunca a los Tribunales de Honor.

Prohibición de los tribunales de honor, art. 26 CE

"Se prohíben los Tribunales de Honor en el ámbito de la Administración Civil y de las organizaciones profesionales". ¿Tribunales de honor? Leyendo esto lo primero que a

uno le viene a la mente es si de verdad hacía falta prohibirlos, o más aun, qué es eso de un *"Tribunal de Honor"*.

¿Qué son?

Según el catedrático Raúl Canosa[11], *"Los tribunales de honor fueron unas instituciones típicamente españolas –sin parangón en el derecho extranjero–, que nacen en el ámbito castrense para juzgar la conducta de los militares y que posteriormente se extendieron a la Administración Pública y a los colegios profesionales"*.

Concretamente eran Tribunales formados por los propios compañeros de profesión, conforme a los cuales podía llegar a expulsarse a uno de sus miembros por considerarse INDIGNA su conducta, en el ejercicio de su cargo o incluso por su conducta personal o familiar.

Cuidado, no confundir con los procedimientos disciplinarios internos (del Ejército, del Funcionariado, de los Colegios Profesionales). La diferencia está en que tales Tribunales de honor no gozaban de garantía legal ni procesal alguna; sino que se regían por lo que los propios compañeros de gremio consideran deshonroso para el mismo.

¿Hacía falta prohibirlos?

Aunque parezca inverosímil, en los ámbitos de la Administración Pública y de los colegios profesionales existían y se aplicaban de manera generalizada antes de la CE; y, aún más, tras la Constitución Española, en el ámbito militar, subsistieron hasta la Cuarta Disposición Adicional de la Ley 9/1988, de 21 de abril, por la que *"quedan suprimidos los Tribunales de Honor en las Fuerzas Armadas"*.

C) Reconocimiento cualificado y contrapeso (18.1 y 20 CE)

El artículo que, por antonomasia, reconoce y garantiza el derecho al honor en nuestra *norma normarum* es el 18. *"Se garantiza el derecho al honor, a la intimidad personal y familiar y a la propia imagen"*. Conviene destacar del mismo dos aspectos:

– Por un lado, que es obligado encajar tal artículo con su contrapeso en la propia Constitución, el art. 20. Punto que desarrollaré más adelante al hablar del requisito de la publicidad.

– Por otro, su ubicación en el marco de *"los derechos fundamentales y libertadas públicas"*, que es lo que lo configura como una garantía reforzada, que veremos al hablar de los aspectos procesales del derecho al honor.

Enlazamos con la Ley Orgánica que desarrolla el art. 18 CE.

3. Ley Orgánica

Ley Orgánica 1/1982, de 5 de mayo, de protección civil del derecho al honor, a la intimidad personal y familiar y a la propia imagen (en adelante, LO). Tres claves:

---

[11] Catedrático de Derecho Constitucional y decano de la Facultad de Derecho de la Universidad Complutense de Madrid. En sinopsis del art. 26 CE, Congreso de los Diputados.

A) Ámbito objetivo: eficacia transversal

Si bien es cierto que el aspecto fundamental del derecho al honor es su vertiente civil, también lo es que esta tiene una eficacia transversal a todo el ordenamiento jurídico. Así, dejando a un lado sus aspectos civiles –que es la materia propia del libro, desarrollada en los siguientes puntos–, se deben citar, como ejemplo de esta eficacia transversal:

En el ámbito penal

Las vulneraciones más graves del honor pueden constituir delito de injurias (arts. 208-210 del Código Penal; en adelante CP) o calumnias (art. 205-207 CP).

Las vulneraciones de la intimidad y propia imagen de que trata la LO pueden llegar a ser constitutivas de revelación de secretos o "delito de *sexting*[12] no consentido" (art. 197 CP); o el delito de acoso o *stalking*[13] (172 ter CP).

En el ámbito administrativo

Aquí tendríamos las vulneraciones que no llegan a constituir una vulneración civil, pero sí una infracción administrativa; así, por ejemplo, sin ánimo de hacer una clasificación exhaustiva, señalaremos:

– La protección de datos de carácter personal; conforme a la Ley Orgánica 3/2018 de Protección de Datos y Garantía de los Derechos Digitales (en adelante, LOPDGDD).

– El famoso "derecho al olvido"; al que hacen referencia los arts. 93 y 94 LOPDGDD.

B) Contenido de la Ley Orgánica que regula el honor

Desde el punto de vista de su contenido, de su regulación legal, la peculiaridad más relevante de esta figura jurídica es que el legislador no ha querido hacer una regulación legal sistemática, sino más bien un cuerpo legal que siente los parámetros fundamentales luego desarrollados por la jurisprudencia. Compárese su extensión –escasos 9 artículos– con otros cuerpos legales del ámbito civil: los 348 artículos de la Ley de Propiedad Intelectual, los 129 de la Ley del Registro Civil, o los 752 de la Ley Concursal.

Entiendo que la razón de ser descansa en que es un derecho muy vivo, muy cambiante, muy dinámico; lo cual hace un imposible aquella pretensión de los códigos decimonónicos –como el actual Código Civil– de que la ley, en sentido estricto, lo abarque todo. Y, a su vez, la consecuencia lógica de tan escueta regulación es que las fuentes del derecho «segundonas» adquieren aquí una importancia relevante.

---

[12] Se refiere a la difusión no autorizada de imágenes o vídeos de contenido íntimo de una persona, obtenidos con su consentimiento, pero compartidos posteriormente sin su aprobación. Está regulado en el art. 197.7 del Código Penal, que castiga con penas de prisión de tres meses a un año o multa de seis a doce meses a quien difunda, revele o ceda a terceros imágenes o grabaciones de carácter privado sin consentimiento, causando un grave perjuicio a la víctima.

[13] También conocido como "acoso reiterado". Consiste en conductas insistentes y no deseadas que generan miedo o alteran gravemente la vida cotidiana de la víctima. Estas conductas pueden incluir seguimiento físico, vigilancia, llamadas constantes, mensajes repetitivos o amenazas veladas. El art. 172 ter del Código Penal castiga esta conducta con prisión de tres meses a dos años o multa de seis a veinticuatro meses, dependiendo de la gravedad del caso y el daño causado.

Parámetros legales

Art. 1: reconoce y determina su naturaleza.

Arts. 2 y 3: regulan el consentimiento.

Arts. 4, 5 y 6: regulan el ejercicio tras el fallecimiento.

Arts. 7 y 8: supuestos no taxativos de vulneraciones.

Art. 9: acciones para su protección, deteniéndose en el daño moral.

Es decir, los únicos aspectos realmente regulados son el consentimiento y las acciones *post mortem*; el resto, en la práctica, no es sino el establecimiento de sus parámetros fundamentales.

Peculiaridad: daño moral

Me detendré brevemente en su peculiaridad más relevante: la regulación del daño moral. En una reclamación judicial siempre nos encontramos con dos inconvenientes que muchas veces son insalvables: acreditar su existencia y cuantificarlo. La LO sienta a este respecto dos criterios distintos muy significativos:

– Que, una vez probada su vulneración, el daño moral se presume *iuris et de iure*.

– Criterios valorativos para su cuantificación; criterios subjetivos y orientativos; véase el contraste con la regulación objetiva, matemática y detallada del daño moral en los Baremos de tráfico (Título IV del Texto Refundido de la Ley sobre Responsabilidad Civil y Seguro en la Circulación de Vehículos a Motor, aprobado por Real Decreto Legislativo 8/2004, de 29 de octubre).

Más adelante volveremos a hablar del daño moral.

C) Aplicación de la LO

Como decíamos, la LO es intencionadamente escueta, lo que hace que sea una ley "viva", cuya aplicación dependerá en gran medida de las circunstancias concretas de cada caso en particular. Por ello, en su aplicación es necesario destacar:

Art. 3.1 Código Civil

"Las normas se interpretarán según el sentido propio de sus palabras, en relación con el contexto, los antecedentes históricos y legislativos, y la realidad social del tiempo en que han de ser aplicadas, atendiendo fundamentalmente al espíritu y finalidad de aquellas".

Precepto este que, aunque sea exigible a cualquier norma jurídica, en la valoración del honor, la intimidad y la imagen, adquiere una importancia determinante. Así lo establece la propia exposición de motivos de la LO: *"Además de la delimitación que pueda resultar de las leyes, se estima razonable admitir que en lo no previsto por ellas la esfera del honor, de la intimidad personal y familiar y del uso de la imagen esté determinada de manera decisiva por las ideas que prevalezcan en cada momento en la sociedad y por el propio concepto que cada persona según sus actos propios mantenga al respecto y determine sus pautas de comportamiento. De esta forma la cuestión se resuelve en la ley en términos que permiten al juzgador la prudente determinación de la esfera de protección en función de datos variables según los tiempos y las personas".*

Es decir, que, en última instancia, para valorar si ha habido vulneración o no, habrá que centrarse, muy específicamente, en el supuesto concreto.

La jurisprudencia

Haciéndose aquí realidad aquello de que *"la jurisprudencia no crea normas jurídicas, pero sí derecho"*[14].

Para muestra, un botón: prueba de la importancia de esta afirmación es la figura jurídica que nos ocupa —el honor, la intimidad y la imagen—, cuyo gran desarrollo se debe a la jurisprudencia en el sentido estricto del 1.6 CC: *"La jurisprudencia complementará el ordenamiento jurídico con la doctrina que, de modo reiterado, establezca el Tribunal Supremo al interpretar y aplicar la ley, la costumbre y los principios generales del derecho".*

Apoyados muy especialmente en estos criterios sentados por la Sala Primera del Tribunal Supremo, pasamos a ver su configuración jurídica.

II. Fondo: aspectos sustantivos

En este apartado me ceñiré a las tres ideas básicas para afrontar una vulneración de derechos fundamentales desde un punto de vista sustantivo: qué se entiende por tales (conceptos), cómo se vulneran (publicidad), cómo se valoran (contrapeso).

1. Qué se entiende por honor, por intimidad, por imagen. Conceptos

A) La sentencia de la "meona"

En mi época, era una costumbre muy generalizada el botellón: grupos de jóvenes, provistos de alcohol comprado previamente en un supermercado (unas 500 pesetas por cabeza), bebiendo en una plaza pública, completamente abarrotada. Solía durar entre dos y cuatro horas; luego, al bar. Imagínense: tanto tiempo y bebiendo, hacía imprescindible ir a orinar. Los chicos con poca vergüenza, lo hacían en cualquier lado; las chicas siempre se escondían un poco más.

En ese contexto, en Irún (Guipúzcoa), un *iluminado* grabó a una chica haciendo sus necesidades y lo publicó. El contraargumento fue que era una chica anónima, difícilmente reconocible, en un sitio público; pero, claro, la joven —que sí se reconoció— no lo veía de esa manera. La cuestión fue solventada en el Juzgado de Primera Instancia n.º 2 de Irún, luego por la Audiencia Provincial de Guipúzcoa y, finalmente, llegó a Madrid, a la Sala Primera del Tribunal Supremo.

---

[14] Atienza, Manuel: *Sobre la creación judicial del Derecho*, Madrid, Editorial Trotta, 1993. Reconocido jurista y filósofo del derecho español, Atienza ha desarrollado importantes estudios sobre argumentación jurídica y ha defendido la idea de que, aunque la jurisprudencia no crea normas en sentido estricto —porque esa función corresponde al legislador—, sí influye en la configuración y evolución del derecho al interpretar y aplicar las normas en los casos concretos.

Sentada la obviedad de qué tipo de vulneración se trataba –la chica también fue reconocida, al menos por sus vecinos–, la cuestión jurídica realmente relevante, en lo que aquí nos interesa, era cuál era el título de imputación: ¿honor y/o intimidad y/o imagen? Se falló que los tres. Se había vulnerado su imagen –era reconocible–, su intimidad –haciendo algo privado– y su honor –que al hacerlo público se vulneraba su reputación–; con las consecuencias que ello tenía en orden al *"quantum indemnizatorio"*.

B) Género vs especie

Lo que quiero poner de relieve es que estamos ante conceptos que suelen darse y tratarse conjuntamente –como el caso de Irún–, pero que en realidad son tres títulos de imputación diferentes, y que no siempre tienen las mismas consecuencias

Por ello, aunque, en sentido vulgar, podamos hablar de honor como sinónimo de dignidad, en sentido jurídico nunca podemos perder de vista que el honor, la intimidad y la imagen son tres conceptos jurídicos diferentes –si se quiere, tres especies de honor en sentido amplio, o de la dignidad humana como derecho– que, aunque íntimamente relacionados, cada uno supone un título de imputación distinto. Tal diferenciación, que parece una obviedad, no siempre se vislumbra clara en las demandas –e incluso en algunos fallos judiciales– en las que aparecen confundidos.

No es una cuestión baladí, porque, aunque los tres forman parte de la dignidad humana, cada uno tiene sus matices. Por poner algunos ejemplos:

No es lo mismo vulnerarla por un solo título de imputación, que por los tres; por ejemplo, piénsese en la cuantificación del daño moral, este es uno de los criterios valorativos principales.

Suelen tener una articulación muy similar, pero no siempre es así. Por ejemplo, la STS de Pleno de 27 de abril de 2022, respecto a la petición de publicar el fallo de la St., diferenció:

– Si se trata del derecho al honor, basta con pedirlo; no es necesario justificar la necesidad de la publicación para reparar el honor; se presupone.

– En cambio, en las vulneraciones de la intimidad y la imagen, para que se conceda la publicación del fallo hay que justificar previamente la necesidad de tal publicación.

O, por poner un último ejemplo, piénsese en la fase probatoria:

– La prueba de la vulneración de la imagen siempre será algo objetivo, si se le reconoce o no en la publicación de turno.

– En cambio, en la vulneración del honor es, por su propia naturaleza, algo muy subjetivo; habrá que dirimir –según el contexto– si lo que dice el texto de que se trate vulnera o no la reputación del actor jurídico.

C) Definiciones

La LO no define –ni puede– estos conceptos. Se limita a dejar claro que son diferentes y nos señala distintos supuestos –NO taxativos– de tales vulneraciones. No puede definirlos porque, como hemos expuesto anteriormente, tales conceptos deben dejarse abiertos, por la naturaleza "viva" de estas figuras jurídicas, que deben adaptarse continuamente al contexto —recordemos el art. 3.1 CC–. No es lo mismo hablar de la condición homosexual de un personaje público en 1984, que hacerlo de ese mismo personaje público en el año 2024.

Aun así, no está de más dar algunas definiciones[15] –siempre abiertas– del honor, la intimidad y la imagen, aunque sea para poder hacernos una idea de su conceptuación jurídica. En las tres, combinaré definiciones comunes –entendiendo por tales las no jurídicas–, doctrinales y jurisprudenciales.

Honor

(Común)

"Cualidad moral que lleva al cumplimiento de los propios deberes respecto del prójimo y de uno mismo".[16]

(Doctrinal)

"El derecho al honor es el derecho a que se respete la reputación, fama o estimación social de una persona".[17]

(Jurisprudencial)

"El derecho al honor protege la dignidad personal y la reputación de la persona, salvaguardando su integridad moral frente a expresiones o imputaciones que puedan menoscabar su fama o consideración social".[18]

Intimidad

(Común)

"Zona espiritual íntima y reservada de una persona o de un grupo, especialmente de una familia".[19]

(Doctrinal)

"El derecho a la intimidad es el derecho de toda persona a mantener una esfera reservada de su vida, excluida del conocimiento ajeno, protegiendo su privacidad frente a intromisiones no consentidas".[20]

(Jurisprudencial)

---

[15] Las nueve definiciones que doy a continuación me las ha facilitado un becario cualificado, al que puedes tratar como a un zapato: no le pago nada nunca; no hace falta darle los buenos días ni las buenas tardes; tampoco es necesario pedirle las cosas por favor –mucho menos darle las gracias–. Y, a él, le da absolutamente igual porque carece de toda dignidad (...). Es estadounidense y se llama *ChatGPT*. Ahora dicen que hay uno, chino, que es todavía mejor. Veremos.

[16] *Diccionario de la lengua española* (23.ª ed.), octubre 2014. Real Academia Española. Recuperado de https://dle.rae.es/honor.

[17] *Diccionario panhispánico del español jurídico (s.f.)*. Real Academia Española. Recuperado de https://dpej.rae.es/lema/derecho-al-honor.

[18] Sentencia 673/2021 del Tribunal Supremo (5 de octubre, 2021). Recuperado de https://www.poder-judicial.es/search/AN/openDocument/1/AN202110673.

[19] *Diccionario de la lengua española* (23ª ed.), octubre 2014. Real Academia Española. Recuperado de https://dle.rae.es/intimidad.

[20] DE VEGA RUIZ, Rosa María: *El derecho a la intimidad en la jurisprudencia constitucional*, Editorial Reus, 2002.

"El derecho a la intimidad personal y familiar, reconocido en el artículo 18.1 de la Constitución Española, garantiza a todo individuo una esfera propia y reservada frente a la acción y conocimiento de terceros, necesaria para mantener una calidad mínima de vida humana".[21]

Imagen

(Común)

"Derecho a controlar la captación, difusión y, en su caso, explotación de los rasgos físicos que hacen reconocible a una persona como sujeto".[22]

(Doctrinal)

"El derecho a la propia imagen es un derecho de la personalidad que atribuye a su titular la facultad de disponer de la representación de su aspecto físico y de oponerse a su captación, reproducción o publicación no consentidas".[23]

(Jurisprudencial)

"El derecho a la propia imagen, reconocido en el artículo 18.1 de la Constitución, forma parte de los derechos de la personalidad y garantiza a su titular la facultad de decidir sobre la captación, reproducción y publicación de su imagen por parte de terceros".[24]

2. Cómo se vulneran. La publicidad

A) Esencia de la vulneración, la faceta externa: la publicidad

Volviendo al capitán Alatriste, hay una escena peculiar en una de sus batallas, en la que, en vez de pelear en tierra, pelea en el mar, concretamente en el Mediterráneo y contra el turco. En esa batalla eran esenciales los remeros, hombres despojados de toda dignidad: esclavos o condenados a galeras, tratados como animales de trabajo. Nada que ver con los "señores soldados", que tenían el honor de combatir por su rey y por su Dios. El combate va mal, muy mal, solo queda huir; pero hay un problema, no quedan remeros, están muertos o exhaustos; y el barco no se mueve sin ellos.

En tal situación, Pérez-Reverte expone un dilema moral, interno, de cada soldado en particular; todos y cada uno son conscientes de que si ellos mismos reemplazan a los remeros la huida con vida es prácticamente segura. Y todos y cada uno están dispuestísimos a darle al remo para salvar la vida, pero nadie da el primer paso. ¿Por qué? Porque también hay un elemento externo: había que remar a la vista de todos; los otros señores soldados los verían remar y vivir como esclavos, en vez de pelear y morir como señores soldados.

---

[21] Sentencia 115/1994 del Tribunal Supremo (24 de abril, 1994). Recuperado de https://www.poderjudicial.es/search/AN/openDocument/1/AN1994115.

[22] *Diccionario del español jurídico*, Real Academia Española y Consejo General del Poder Judicial, Espasa, Madrid, 2016. Recuperado de https://dej.rae.es/lema/derecho-a-la-propia-imagen.

[23] DE LAS HERAS VIVES, LUIS: "El derecho a la propia imagen en España. Un análisis desde el derecho constitucional, civil y penal" (2018). Recuperado de https://revista-aji.com/articulos/2018/8/435-453.pdf.

[24] Sentencia sobre la protección del derecho a la propia imagen, Tribunal Supremo (2022, 28 de julio). https://www.boe.es/biblioteca_juridica/comentarios_sentencias_unificacion_doctrina_civil_y_mercantil/abrir_pdf.php?id=COM-D-2022-8.

Lo que pone de manifiesto don Arturo en su obra es que, al final, no remaron, no por ser oficio de esclavos, sino porque los demás los verían indignos; por el elemento externo, por la **publicidad**. Hasta el soldado más valiente de las Españas –Diego Alatriste– hubiera remado frenéticamente de no ser porque le podían haber visto los demás.

En los ejemplos expuestos en el primer capítulo, ocurre lo mismo. En Flandes cualquiera hubieran preferido quedar sin orejas, antes que morir ahorcado, pero todo el mundo sabía que quedar desorejado era haber sido deshonrado. A los oficiales polacos, sus compatriotas les hubieran demandado que qué hacían vivos mientras los teutones se hacían dueños de Polonia. Y los jinetes ingleses de la Brigada Ligera solo habrían encontrado "plumas blancas"[25] al regresar al Gran Bretaña después de desobedecer una orden en combate.

B) Exclusión de la faceta interna del honor

Ciertamente, la belleza del honor no se reduce a la faceta externa, a lo que piensen los demás, a la publicidad. También está la faceta interna: la conciencia de cada uno, su relación con Dios, si se quiere. Muchas conductas en las que el ser humano hace o deja de hacer, por no deshonrarse a sí mismo y al margen del "qué dirán"; por poder dormir tranquilo, por poder mirarse al espejo. En el mismo ejemplo de la batalla marítima, junto con las escuadras castellanas había también una galera de la Orden de Malta que –aun teniendo remeros y pudiendo huir– se quedaron a luchar; porque tenían voto religioso de que, mientras que la proporción no superara los dos contra uno, había que quedarse, aunque eso significara morir.

Pero el derecho, como decían los clásicos, es "regir al hombre en sociedad", y no las mociones interiores. Lo que al ordenamiento jurídico le importa es la relación del hombre con los otros hombres; los actos de la vida interior quedan fuera del derecho, de su regulación y poder coercitivo.

Así lo condensaba Marco Tulio Cicerón: "Nemo iudex in sua causa est" (Nadie puede ser juez en su propia causa), en el siglo I a.C., al reflexionar sobre el origen, la naturaleza y el propósito del derecho en su obra *De Legibus* (III, 19).

C) Conclusión. Aplicación

La conclusión de todo lo dicho es muy sencilla: si no hay publicidad no hay vulneración jurídica alguna. La publicidad que le da el actor es lo que vulnera. El llamado "deporte nacional", la crítica del vecino –de todos los demás que no sean yo mismo–, solo es vulneración civil cuando se le da publicidad.

Así, en la intimidad –cenando con mi mujer, por ejemplo– podemos poner a caer de un burro a la pesada del 4.º B, esa que es profundamente maleducada, a la que su marido dejó por otra, más guapa, más lista y más rica, y todas las sandeces que se nos ocurran. El problema surge al darle publicidad. ¿Cómo entendemos que se da la publicidad? Pues

---

[25] En Gran Bretaña, entregar una pluma blanca a un militar era un gesto cargado de simbolismo; un desafío silencioso pero implacable que lo marcaba como cobarde si no se había unido al ejército o, ya estando en él, rehuía la lucha. Más que una simple insignia, era una afrenta al honor, un recordatorio de la expectativa sagrada de defender la Patria con valentía.

de cualquier forma por la que terceros tengan conocimiento: los medios tradicionales (prensa, radio y TV), las RRSS, e incluso el boca a boca.

Para que exista vulneración, tiene que haber publicidad.

3. Cómo se valoran. Contrapeso

A) Problema: colisión con otro derecho fundamental

Aquí entramos en el elemento esencial –desde un punto de vista jurídico– de la regulación del honor. Este "darle publicidad" a lo que nosotros sabemos, o pensamos que sabemos, de un tercero no es sino el ejercicio de nuestra libertad de informar o de nuestra libertad de expresión.

El ejercicio de tales libertades también está protegido por la CE y también está ubicado en el apartado *"de los derechos fundamentales y de las libertades públicas"*, concretamente en su art. 20.

Si tenemos en cuenta que, para que pueda haber vulneración del honor, tiene que haber previamente publicidad, estaremos siempre ante una COLISIÓN DE DERECHOS FUNDAMENTALES: honor, intimidad o imagen *vs* libertad de expresión o libertad de información.

No es posible valorar si ha habido o no vulneración del honor, la intimidad o la imagen si no es ponderándolo con la libertad de expresión o libertad de información. Así lo reconocen:

- Los cuerpos legales supranacionales que tienen incidencia en la LO, como, por ejemplo, la Convención Europea de Derecho Humanos (CEDH), al reconocer la libertad de expresión y de información en su art. 10, advierte del contrapeso de otros derechos fundamentales.

- La Constitución Española es aún más explícita que la CEDH. Al reconocer la libertad de expresión y de información, en el apdo. 4 del art. 20, menciona expresamente, como contrapeso, el derecho al honor: *"Estas libertades tienen su límite en el respeto a los derechos reconocidos en este Título, en los preceptos de las leyes que lo desarrollen y, especialmente, en el derecho al honor, a la intimidad, a la propia imagen y a la protección de la juventud y de la infancia"*.

- El propio Tribunal Constitucional, de manera genérica, también refiere la necesaria ponderación cuando existe colisión de derechos fundamentales: *"Es la valoración del peso en abstracto de los respectivos derechos fundamentales que colisionan para –después de valorar la intensidad y trascendencia de cada uno de ellos– dar prevalencia al uno sobre el otro"*.

Hasta ahora hemos estado tratando el honor como un concepto que transciende el tiempo y el espacio; en la vida cotidiana o en el ámbito jurídico. En cambio, el "contrapeso", la libertad de expresión y la libertad de información, es algo propio de las sociedades occidentales desde la época post codificadora. Antaño, la solución jurídica a las ofensas contra el honor era, en cierta medida, la "acción de jactancia[26]", que en última instancia era una

---

[26] Regulada en las *Partidas* de Alfonso X el Sabio, sigue vigente a día de hoy. Sí, vigente. Así la ejerció con éxito en 1996 el abogado más completo que conozco, Antonio Muñoz Perea –mi padre–. Estimada en

acción judicial contra el ofensor para que demostrara en juicio lo que dice o callara para siempre.

Había también una solución NO jurídica: el duelo. No tan lejano en el tiempo, recuérdese el famoso duelo de honor —el día de Santa Cristina de 1899, en el Café de la Montaña, Madrid— entre don Ramón María del Valle-Inclán[27] y el periodista Manuel Bueno. La disputa, surgida por una diferencia de opinión literaria, acabó con la amputación del antebrazo de Valle-Inclán.

B) Solución: "prevalencia no jerárquica"

Aquí se complica la cosa. ¿Cuál prima? ¿Cuál debe prevalecer, el honor o la libertad de expresión e información? Para este punto retomamos lo que adelantábamos en la introducción, aquello de que lo más característico de la tradición castellana era la armonización de figuras, como en este caso, contrapuestas; intentar conciliarlas, no admitir una negando categóricamente la otra. Lo que no quiere decir que tratemos ambas figuras en parangón de igualdad, porque *"no hay mayor injusticia que tratar como iguales dos cosas que no lo son"*[28].

El "aplicador" de la tradición castellana en este caso es el TC, al sancionar que entre ambas se da una "PREVALENCIA NO JERÁRQUICA" del derecho a informar y libertad de expresión sobre el honor, la intimidad y la imagen. Y nos explica el porqué: "porque el derecho a informar y la libertad de expresión no son solo garantías de libertades individuales —al igual que lo es el honor— sino que, además, tiene un fundamento que transciende al individuo, en cuanto que son indispensables para el pluralismo político, que no habría sin una opinión libre".

Ahondemos en la explicación que nos da el Constitucional:

– IGUALES, EN LO INDIVIDUAL. Que *a priori* ambos son iguales porque ambos, en lo personal, gozan de la más alta protección de nuestro ordenamiento jurídico: ser un derecho fundamental. Por esto no hay una jerarquía entre ellos. NO JERÁRQUICA.

– DIFERENTES, EN LO SOCIAL. En la libertad de información y de expresión, además existe un fundamento social, en cuanto que es uno de los pilares básicos de toda sociedad libre. Sin libertad de información y libertad de expresión lo que hay es pensamiento único. El asunto no es menor. El primer paso de la tiranía es siempre coartar estas libertades; luego ya viene "el lado oscuro", las represiones y los campos de concentración. Por esto debe prevalecer la libertad de información y de expresión sobre el honor de las personas. SÍ PREVALENCIA.

Debo insistir también en que esto NO es la anulación del derecho al honor en aras de la libertad, sino una mera PREVALENCIA. ¿Cómo se traduce esto en la práctica? Pues, en

---

primera instancia y confirmada por la Audiencia Provincial. Véase su ponencia sobre la acción de jactancia en https://youtu.be/Oq51vbvKw-Y?feature=shared.

[27] ALBERCA, MANUEL: *La espada y la palabra: vida de Valle-Inclán*, Barcelona, Tusquets Editores, 2015.

[28] La frase se atribuye a Aristóteles y refleja su concepción de la justicia, expuesta en la *Ética a Nicómaco*. Según el filósofo griego, la verdadera justicia consiste en tratar igual a los iguales y desigual a los desiguales, en proporción a sus diferencias. Este principio, vinculado a la noción de equidad *(epieikeia)*, busca corregir la aplicación rígida de la ley cuando no se ajusta a la realidad de cada caso.

este caso –sentada la base por el TC–, es el Tribunal Supremo el que se encarga de llevar a la práctica esta "prevalencia no jerárquica", a base de ir delimitando cuándo la libertad de expresión y de información excede esa prevalencia, vulnerando el honor, la intimidad o la imagen.

C) Aplicación de la solución. Ponderación (requisitos)

¿Cómo se delimita? Con una especie de test –como los que hay para ponderar la *abusividad* de una cláusula contractual–, que consiste una serie de requisitos o límites que ha de cumplir el ejercicio de la libertad de expresión y de información para no vulnerar el honor, la intimidad y la imagen.

Tales requisitos o límites son:

- Comunes a la libertad de expresión y libertad de información: RELEVANTE, NO INJURIOSA Y PROPORCIONADA.

- Propios de la libertad de información: que la noticia sea VERDAD.

Por ello, antes de exponer cada uno de los requisitos, es obligado diferenciar entre libertad de expresión e información.

Libertad de expresión y libertad de información

Libertad de información: Comunica hechos; simple narración de hechos.

Libertad de expresión: Tiene un campo de actuación más amplio porque supone la emisión de juicios y opiniones de carácter personal y subjetivo.

Subponderación: Tener presente que muchas veces, en una misma comunicación, se entremezclan o se dan ambos conceptos –informando a la vez que expresando opiniones– por lo que para ponderar (si prima el honor o la libertad) a veces es necesario una previa subponderación, para poder determinar cuál es el elemento predominante de la comunicación: información u opinión, porque solo al informar se exige la verdad.

Advertencia

Antes de entrar en los requisitos o límites para el ejercicio de las libertades de expresión y de información es obligado resaltar que estos, los requisitos, no responden al concepto técnico o vulgar; son conceptos muy relativizados, muy peculiares, muy propios. Por ello, para definir "verdad", "relevancia", "no injurioso" y "proporcionado", es necesario acudir –exclusivamente– a la jurisprudencia del Tribunal Supremo, apoyado siempre en la doctrina sentada por el Tribunal Constitucional.

En este punto me detendré un poco más porque es el más relevante de la ponderación; el objeto de litigio de los procedimientos judiciales: dirimir si se cumplen o no se cumplen los límites que dan a la libertad de expresión e información la "prevalencia no jerárquica" sobre el honor, la intimidad y la imagen.

Verdad

Se exige que la información publicada sea VERDADERA. Pero, cuidado, no en su sentido propio de certeza o exactitud de hechos objetivos, sino que basta con que el publicador haya cotejado la información que difunde. Es decir, que se cumpla con el requisito de "verdad", aunque la noticia sea "mentira" siempre y cuando el publicador haya comprobado, según sus medios y circunstancias, la información que difunde.

En definitiva, se trata de evitar la difusión de bulos; ya sea por falta de responsabilidad o directamente con mala intención.

Conclusión: lo que define la "verdad" no es la noticia, sino la actitud del publicador.

Con estas palabras lo define la Sala Primera: *"por verdad no debemos entender la verdad intrínseca, la verdad material, sino la actitud diligente a la hora de constatar la información, de acuerdo con la «lex artis»*[29] *–normalmente, la «lex artis» periodística–, y las circunstancias del caso"*.

Un ejemplo de la aplicación de este concepto de "verdad" es que al informar sobre procesos judiciales –en los que "la verdad" propiamente dicha aún no se sabe, pues los juicios existen para probar las cosas– no es necesario esperar al fallo o sentencia para poder informar, cumpliendo el requisito de "verdad" (entre otras, STS de Pleno de 27 de abril de 2022).

Debo insistir en que este requisito de "verdad" solo es exigible cuando se está ejerciendo la libertad de información y NO cuando se está expresando una opinión.

Relevante (que tenga interés general o público)

Se exige que la publicación sea RELEVANTE. En lo que aquí nos interesa, la relevancia está determinada por el público receptor, que tenga interés legítimo y que la noticia sea significativa para ellos. Y puede ser relevante, por el tipo de noticia (de interés general) o por el "noticiable" (que sea un personaje público, y la noticia sea sobre aquello por lo que es un personaje público). La Sala lo menciona así: *"sobre hechos de interés general o personas de relevancia pública"*. Ejemplos:

> De irrelevancia por falta de interés general: para una familia puede ser extremadamente relevante conocer a las amistades de su hijo en el colegio, pero en ningún caso esto justificaría que en las redes sociales del Centro se publicaran las amistades de ese mismo niño. Es una noticia relevante para sus padres, no para el público ["*el conjunto del colegio: padres, hijos, profesores (...)*"]. En este caso, el ejercicio de la libertad informativa vulneraría el derecho a la intimidad del menor. Es decir, que la noticia debe ser "relevante" para el público o comunidad a quien va dirigida.

> O relevante por tratarse de un personaje público: difundir la preparación física de un atleta de elite, imágenes suyas entrenando, no vulneraría sus derechos fundamentales. Su interés público deriva precisamente de ser un deportista de elite. En cambio, sí vulneraría su intimidad la difusión de imágenes del mismo deportista con su familia en la playa.

> En definitiva, se trata de cumplir con el adjetivo que fundamenta la "prevalencia jerárquica", es decir, que la sociedad pueda estar informada.

---

[29] En el contexto jurídico, por *lex artis* se entiende *"una relación de criterios científicos, técnicos y éticos; utilizados como usos y costumbres, en un determinado gremio o profesión"*; como pueden ser la *lex artis* médica, periodística, de los profesionales de la construcción, entre otros.

Conclusión: lo que define la relevancia es el público receptor de la información u opinión; por el tipo de noticia o porque se trata de un personaje público, y se informa de aquello por lo que es público.

Este quizá sea el elemento o requisito más importante para ponderar la primacía de las libertades sobre los derechos fundamentales del honor, intimidad e imagen y sobre el que más se dirime en la operación de ponderación.

Veamos un caso que fue realmente llamativo. El de la STS de Pleno de 19 de diciembre de 2019.

Abre los telediarios una noticia que te deja tocado un buen rato, con mal cuerpo, indignado, asqueado, y, si tienes hijos, preocupadísimo. Un supuesto pederasta, con regalitos y engaños, secuestraba niños en los parques, luego los subía a un piso franco, y allí… destrozaba sus vidas. Seguro que tienen en la cabeza cómo son este tipo de noticias, tanto desde el punto de vista de la libertad de opinión –calificativos muy duros para el personaje–, como desde el punto de vista de la libertad de información: imágenes o grabaciones –según sea prensa o TV– del parque donde raptaba inocentes, del piso donde cometía las atrocidades, la declaración de un vecino diciendo que no se lo cree, que era un señor encantador que siempre daba los buenos días. Y, sobre todo, información e imágenes del tipo esposado, con una sudadera en la cabeza, entrando a los juzgados de Plaza de Castilla, de los antidisturbios sujetando a la gente enfurecida.

En este contexto de informaciones y opiniones públicas, se emite un reportaje periodístico, de los llamados "de investigación", que aborda el perfil psicológico del pedófilo; reportaje en el que, entre otras muchas cosas, aparecen unas imágenes del "elemento" en cuestión jugando con sus mascotas. El sujeto demanda por vulneración de su derecho a la imagen, solicitando una indemnización de veinte mil euros. El procedimiento, después de pasar por las instancias, llega al TS. La Sala Primera acaba declarando la vulneración del derecho fundamental a la imagen e indemnizando por ello (eso sí, rebajándolo a diez mil euros).

Dos cosas destacaría yo de tal sentencia:

Por un lado, quiero resaltar lo dicho *ut supra,* que los personajes públicos no son públicos de manera absoluta, sino que solo lo son en la medida de aquello que les da la condición de "públicos". El demandante era personaje público por su actividad delictiva, por lo que cualquier cosa relacionada con sus fechorías sería lícito publicarlas –él entrando en el juzgado, los abucheos de los vecinos, etc.–, le guste o no (prevalencia jerárquica); pero fuera de esto, ya no es un personaje público. Esto argumentó la Sala: "(...) pero no justifica *que pueda utilizarse cualquier imagen del afectado, y, en concreto, imágenes del acusado que carezcan de cualquier conexión con los hechos noticiables y cuya difusión no haya consentido expresamente".*

Por otro lado, pone de manifiesto que estamos en un Estado de derecho, en donde hasta el ser más despreciable goza de derechos fundamentales, que son, recordémoslo, irrenunciables e imprescriptibles; para un pederasta, también. De la misma forma que los antidisturbios impiden su linchamiento público, el Poder Judicial protege sus derechos fundamentales.

Por último, debemos tener en cuenta que las imágenes de personas anónimas en eventos públicos no vulneran el derecho fundamental a la imagen; todos, en potencia, podemos ser "público". Así, si durante la retransmisión de un Atleti-Madrid aparece una imagen nuestra –en la que se nos reconoce claramente–, cuando la cámara enfoca al público del Metropolitano, no se vulneraría nuestro derecho a la imagen, por mucho que nuestros vecinos, familiares y amigos nos identifiquen; como tampoco lo haría una noticia del telediario en la que aparezco entrando al Corte Inglés durante las rebajas de después de Reyes. Sentido común. En este caso, la LO se manifiesta expresamente en el art. 8.2 c) al decirnos que *"el derecho a la propia imagen no impedirá (...) c) la información gráfica sobre un suceso o acontecimiento cuando la imagen de una persona determinada aparezca como meramente accesoria"*.

No injuriosa

Se exige que la información o expresión pública no se ejerza insultando, faltando. La peculiaridad de este requisito o límite es que es como *"un límite de los límites"*, al decir de los autores. Me explico:

En relación con el requisito de la verdad, no basta con que la información sea veraz, sino que además ha de ser respetuosa con aquel o aquello de lo que habla. Y esto es exigible no solo a la libertad de información –que es donde se exigía la veracidad–, sino también a la libertad de expresión, donde la verdad no es necesaria, pero el respeto sí lo es.

En relación con el requisito de la relevancia, esta no justifica el insulto. El ser un personaje público legitima el que se puedan publicar cosas sobre él, porque tiene la condición de "público", y, por lo tanto, relevante, pero no legitima el insulto. Podemos criticar hasta la saciedad al presidente del gobierno o al delantero centro del campeón de liga, porque son personajes públicos, pero no podemos insultarles.

Hay que añadir, además, dos peculiaridades de esta exigencia de "no injurioso":

La primera es que esta exigencia es, sin duda, la más relativa, la que más dependerá de las circunstancias de tiempo, de lugar, de contexto (3.1 Código Civil). Como decíamos más arriba, no era lo mismo hablar de la condición de homosexual de un personaje público en 1984 –en que podía considerarse altamente injurioso, para casi cualquier persona–, que hacerlo en el año 2024. No es lo mismo llamar a alguien "el orejas" en el contexto de una cuadrilla de amigos, donde todos tienen motes, que referirse a un personaje público como "el orejas"; y así, infinidad de ejemplos podríamos poner.

La segunda es advertir que la vulneración del honor, por vejaciones, según la gravedad, puede llegar a ser constitutiva de delito injurias (arts. 208-210 CP) o calumnias (arts. 205-207 CP).

En definitiva, las publicaciones nunca podrán ser vejatorias. La conclusión nos la da, nuevamente, la Sala Primera del TS: *"la libertad de expresión no ampara el insulto"*, máxima que repite en infinidad de sentencias.

Proporcionada (reportaje neutral)

Se exige que la publicación sea "proporcionada", tanto en cuanto al título, como en cuanto al cuerpo del artículo en sí mismo. Este es el requisito más peculiar, más raro, más difícil de apreciar.

Se exige la "proporcionalidad" para que el título no induzca a error en cuanto al contenido. No es lo mismo titular un artículo "Pepe es un asesino", que titularlo "Luis dice que Pepe es un asesino". La Sala Primera viene exigiendo que lo que diga el título sea "equivalente", "necesario" e "idóneo" en relación con la noticia.

En cuanto al contenido, la "proporcionalidad" casi siempre se manifiesta en relación con el elemento temporal. No es legítimo sacar a relucir hechos del pasado que, a pesar de que fueran verdaderos y relevantes en su día, se usan para dañar la fama en el momento presente. Traigo a colación una STS de 2018 en la que se condenó a un periodista por sacar a relucir la implicación en el 23-F del padre de otro periodista, con el que tenía rivalidad, casi cuarenta años después de la asonada. Los hechos eran ciertos y la relevancia del golpe obvia, pero la Sala consideró que era absolutamente desproporcionado dañar la fama de un difunto, con la solapada intención de dañar la fama de su hijo; no era ni equivalente ni necesario ni idóneo; es decir, era absolutamente desproporcionado.

Este requisito de la "proporción", que en sí mismo es difícil de apreciar —y, como decimos, raro que lo encontremos en las STS— es el fundamento de la doctrina sobre el REPORTAJE NEUTRAL:

El supuesto de hecho de esta doctrina es cuando, al amparo de la libertad de información, se publican opiniones ajenas que dañan la fama, el honor, de un tercero. El publicador se ampara en que él solo está informando, que él no es el vulnerador y, por lo tanto, está exento de toda responsabilidad. Para que este tipo de reportajes realmente estén amparados por la libertad de información se exige por el TC lo que ha venido denominándose *"la doctrina del reportaje neutral"*:

- Que conste el autor. No hay tal neutralidad cuando el divulgador no identifica claramente al autor, al vulnerador; piénsese en las clásicas expresiones *"se dice"*, *"dicen por ahí"*, entre otras —el ejemplo que decíamos del título: no es lo mismo decir que *"Pepe es un asesino"* que decir *"Luis dice que Pepe es un asesino"*; identificación del autor.

- Que sea un mero transmisor. No hay tal neutralidad cuando se *"reordena o reelabora"* la publicación del vulnerador.

- Que la noticia sea ya conocida. No hay tal neutralidad cuando la noticia sea difundida por primera vez por el demandado, la noticia ofensiva debe ser ya conocida de algún modo.

- En el ejemplo que decíamos de la proporción en cuanto al contenido, lo que hace el vulnerador es revivir una noticia que ya era desconocida.

Resumimos todo este apartado dedicado al derecho sustantivo en las tres ideas básicas de las que hablábamos al principio:

- El honor, la intimidad y la imagen son conceptos que suelen darse y tratarse conjuntamente, pero, en realidad, son tres **títulos de imputación diferentes** y no siempre tienen las mismas consecuencias.

– La libertad de expresión y la libertad de información –que también son conceptos diferentes– priman sobre el honor, la intimidad y la imagen: "*prevalencia jerárquica*".

– La prevalencia no es absoluta, sino que encuentra sus límites en la veracidad –solo exigible al informar–, la relevancia, el respeto y la proporción. Estos requisitos se pueden condensar en la máxima popular con la que abríamos este capítulo segundo: "*la libertad de uno termina donde comienza la del otro*".

III. Forma: aspectos procesales

Nuevamente, estructuramos en tres partes: acción principal, acciones secundarias y peculiaridades procesales.

1. Acción principal

La acción principal es una acción meramente declarativa; para que se declare la vulneración del honor, la vulneración de la imagen, la vulneración de la intimidad; conforme a los criterios sustantivos que hemos referido. Tal declaración, por sí sola, no tiene ninguna consecuencia: "*se declara vulnerado el honor y/o la imagen y/o la intimidad*"; bien, ¿y ahora qué? NADA. Si no se ejercen también las acciones subordinadas, no tiene ninguna consecuencia.

Por tanto, la acción principal solo tiene valor y eficacia como base de las acciones subordinadas. Es decir, que si solo se ejerce la acción meramente declarativa –mera declaración de haber sido vulnerado un derecho fundamental– carecería de interés legítimo y podría ser inadmitida.

Es en las acciones secundarias donde encuentra este interés legítimo, su eficacia real. Así, la acción declarativa principal no es sino la base de las acciones secundarias, que es donde se muestra la verdadera tutela judicial efectiva.

2. Acciones secundarias

En el fondo, lo que se puede/debe pretender es obligar judicialmente a las tres posibilidades del art. 1088 CC, "*Toda obligación consiste en dar, hacer o no hacer alguna cosa*", concretados por el art. 9.2 LO. Veamos:

A) *Acción de rectificación*

Que es una obligación DE HACER. Con el 9.2 a) LO supone el "*cese inmediato*", la "*reposición al estado anterior*" y, en el caso del honor en sentido estricto, "*la publicación total o parcial de la ST (...) con al menos la misma difusión que tuvo la intromisión sufrida*".

Esto en la práctica se suele traducir en:

LA RETIRADA de la publicación que vulnera el honor, la intimidad o la imagen.

LA PUBLICACIÓN DE LA SENTENCIA «con al menos la misma difusión que tuvo la vulneración». Cuidado, aquí recordamos lo dicho *ut supra* con la STS de Pleno de 27 de abril de 2022, que diferenció:

– Si se trata del derecho al honor, basta con pedirlo; no es necesario justificar la necesidad de la publicación para reparar el honor; se presupone. Piénsese en que, lo normal, es que la vulneración del honor es contar cosas ofensivas, dañinas... habrá que contar al mismo público receptor que eso no es cierto, que el vulnerador lo ha hecho mal, de manera torticera. (Es necesario que el público conozca que el capitán Alatriste no es un cobardica.)

– En cambio, en las vulneraciones de la intimidad y la imagen, para que se conceda la publicación del fallo habrá que justificar previamente la necesidad de tal publicación. Porque lo normal es que la publicación de la sentencia no solo no ayudará a reponer la vulneración, sino que agrandaría el daño (que vuelvan a airear mi intimidad, o la imagen mía que no quería que se conociera).

B) Prohibición en lo sucesivo

Es una obligación de NO HACER. Con el 9.2 b) LO supone el *"prevenir intromisiones inminentes o ulteriores"*.

Esto es sencillamente la obligación de NO hacer a futuro. Tiene una importancia práctica inmensa:

Porque, si no se ejerce y se vuelve a vulnerar, habrá que volver a interponer un declarativo, lo que supone más tiempo (quizá años), más gastos (como mínimo: procurador y abogado) y, sobre todo, la posibilidad de perder.

En cambio, si sí se ejerció la acción de prohibición a futuro —en el caso de que se estimara— y se vuelve a vulnerar, ya no habría que interponer otro declarativo, sino que bastaría con ejercer la acción ejecutiva, con lo que esa diferencia supone en tiempo y dinero.

C) Indemnización

Es una obligación de DAR. Con el 9.2.c) de la LO supone la «indemnización de los daños y perjuicios causados».

Aquí aparece el preciado metal, lo que más suele doler al demandado: el dinero. Es donde más se entretiene la LO y, consiguientemente, el punto más desarrollado por la Sala Primera. Así, distinguimos:

Daños materiales

En sus dos vertientes de daño emergente y lucro cesante, conforme a los parámetros generales de la Ley Sustantiva Civil, el CC. En este punto, me gustaría adelantar —lo he desarrollado más adelante, al hablar de las personas jurídicas— que este apartado tiene importantes aplicaciones cuando se trata de la reputación empresarial, siempre que se acredite todo el beneficio que la empresa ha dejado de ganar por la vulneración de su honor, de su reputación.

De hecho, hay una disposición específica en la LO, el art. 9.2.d): *"La apropiación por el perjudicado del lucro obtenido con la intromisión ilegítima en sus derechos"*. Esto quiere decir que la cadena/periódico sensacionalista de turno tendrá que restituir con todos los beneficios que la publicación ofensiva en cuestión le ha proporcionado; por poner un ejemplo clásico, el beneficio obtenido por aumento de ventas gracias a la foto del típico *topless* de una famosa en la playa.

Daño moral

Regulado por el art. 9. puntos 3 y 4 de la LO con verdadera especialidad, como adelantábamos antes al hablar de los parámetros legales. Me explico. La articulación del daño moral en los procesos suele colisionar con dos inconvenientes que, a veces, se vuelven insalvables: la dificultad en probar su existencia y la dificultad en cuantificarlo.

Respecto a la primera dificultad, queda solventada de manera tajante al establecer la presunción *iure et de iure*, por lo que siempre que quede probada la vulneración del derecho fundamental –cualquiera de los tres– se presumirá el daño moral.

Respecto a la segunda, la cuantificación, su peculiaridad es que no nos da criterios objetivos, matemáticos, como hace el Título IV de la ley que regula la responsabilidad de los accidentes de tráfico –Texto Refundido de la Ley sobre Responsabilidad Civil y Seguro en la Circulación de Vehículos a Motor (TRLRCSCVM), aprobado por el Real Decreto Legislativo 8/2004, de 29 de octubre– que regula, hasta el detalle, cómo se debe cuantificar tal daño moral. En este caso, al contrario, nos da uno parámetros subjetivos y abiertos para poder cuantificarlos. Dichos parámetros son: *"las circunstancias del caso, la gravedad de la lesión efectivamente producida, [para lo que se tendrá en cuenta] la difusión o audiencia del medio a través del que se haya producido".*

A los criterios legales añadimos otros que suelen darse en la jurisprudencia:

El grado de repulsa social que la vulneración produce.

Si el daño es o no continuado.

La actitud del vulnerador al ser requerido por el vulnerado.

Si confluyen, o no, honor, intimidad e imagen.

La cuantificación, por tanto, es una cuestión subjetiva que deja un amplio margen al juzgador y que, a su vez, no es sino una aplicación, nuevamente, del 3.1 del CC: la valoración concreta de las circunstancias del caso.

Por último, debe quedar constancia de una cuestión sentada por la jurisprudencia del TS: el veto a las indemnizaciones simbólicas –entre otras, la STS de 12 de diciembre de 2012–. La típica solicitud de indemnización de un euro. Esto dice la Sala: *"no es admisible que se fijen indemnizaciones de carácter simbólico, pues al tratarse de derechos protegidos por la CE como derechos reales y efectivos, con la indemnización solicitada se convierte la garantía jurisdiccional en un acto meramente ritual o simbólico incompatible con el contenido de los artículos 9.1, 1.1. y 53.2 CE y la correlativa exigencia de una reparación acorde con el relieve de los valores e intereses en juego (STC 186/2001, FJ 8)".*

A pesar de que esta doctrina viene de lejos –como poco, desde el año 2002– se siguen viendo demandas en las que por pundonor se pide la indemnización simbólica de "1 euro"; como diciendo: *"a mí el dinero me da igual"*. Lo que realmente se consigue es que el juzgador no condene en costas porque no podrá estimar plenamente las pretensiones de la demanda (conforme al criterio del 394 LEC).

3. Peculiaridades procesales

A) Justificación

No voy a detallar las *"peculiaridades procesales"*; más bien, lo que aquí pretendo es poner en relieve los fundamentos de estas especialidades rituales en cuanto al honor. Porque creo que una vez se entienden los porqués, el resto viene dado, y se queda grabado con una facilidad pasmosa, como sin querer.

Estos porqués se resumen en dos:

B) Por su importancia (CE y LEC): ser un derecho fundamental

El primero ya ha sido perfilado en lo escrito hasta este punto: la importancia que el ser humano concede al honor. Importancia que lleva al legislador a considerar el honor como el derecho –en la jurisdicción civil– más importante, más relevante, más necesitado de protección. Por ello, la *norma normarum* de 1978 le concede el grado supremo de ser un derecho fundamental. Y de ahí las lógicas especialidades procesales que no buscan sino privilegiar el honor.

Las peculiaridades procesales derivadas de ser un derecho fundamental son:

— RECURSO DE AMPARO. La más destacable de ellas la encontramos en la propia CE, conforme al 53.2 de la misma, la protección del honor podrá ejercitarse a través de recurso de amparo ante el Tribunal Constitucional o a través de la jurisdicción ordinaria.

Dentro de esta jurisdicción ordinaria, tenemos con la Ley Ritual Civil:

— PROCESO PREFERENTE Y FISCAL. Se sustanciará a través del Juicio Declarativo Ordinario; además, tendrá una tramitación preferente y será parte el Ministerio Fiscal (249.2 LEC).

— RECURSO DE CASACIÓN. Desde la última reforma de la casación, que suprimió en los recursos sustantivos la *summa gravaminis,* ha quedado como el único motivo sustantivo que tiene acceso *per se* a nuestro más Alto Tribunal –en su función tuitiva (art. 477 LEC).

— COMPETENCIA TERRITORIAL EXCEPCIONAL. Excepciona[30] el criterio general para determinar la competencia territorial –domicilio del demandado–, para ser determinada por el domicilio del demandante (52.6 LEC).

C) Por su naturaleza (LO): ser un bien moral

En un sentido jurídico, por bien moral entendemos lo espiritual, lo intangible, lo etéreo, en contraposición, no a lo amoral o inmoral o malo, sino a lo material o tangible. Frente a los bienes materiales (reales u obligacionales), tenemos los bienes inmateriales o morales. Por ejemplo, la compañía de los seres queridos, la ilusión por el trabajo, el honor o la intimidad.

---

[30] Esta excepción, en mi opinión, contradice el criterio del TC de la *"prevalencia jerárquica"* de la libertad de expresión y de información sobre el honor, la intimidad y la imagen. Me explico. Si antes veíamos que el vulnerador, en potencia, del honor está ejerciendo su libertad de expresión o de información, y que estas, a priori, debían prevalecer sobre el honor, ¿por qué, procesalmente, se concede este privilegio al demandante del honor, frente al demandado por ejercer su libertad de expresión o de información?

Su reconocimiento como bien jurídico a proteger[31] es relativamente reciente y, aún, bastante tímido. Así, tenemos, bajo el principio de indemnidad, que se reconoce como petición subordinada, la siempre difícil indemnización de daños morales. La única regulación legal sistemática que existe es la que nos ocupa, la LO del honor, la intimidad y la imagen. Es decir, el honor, la intimidad y la imagen son bienes jurídicos morales, intangibles, etéreos, espirituales.

Por su naturaleza moral, el honor es transcendente a la propia vida física del ser humano; y, jurídicamente, es IMPRESCRIPTIBLE. Así lo sanciona expresamente el art. 1.3 LO: *"El derecho al honor, a la intimidad personal y familiar y a la propia imagen es irrenunciable, inalienable e imprescriptible".*

Toda imprescriptibilidad choca frontalmente con el principio de seguridad jurídica (9.3 CE). Por esto nace la necesidad de poner límites a su ejercicio. De no ser así, los descendientes de don Luis de Góngora podrían demandar a los de don Francisco de Quevedo por las múltiples veces que este, con sus afilados sonetos, vulneró el honor de aquel. Para evitarlo: prescripción extintiva. Imagínense, si no, los antiguos compañeros de colegio llegados a la edad adulta. Cuántas demandas podrían interponerse por el sinfín de vulneraciones que en tales ámbitos se producían. Para evitarlo: caducidad de la acción.

Las peculiaridades procesales derivadas de la necesidad de limitar su imprescriptibilidad son:

PRESCRIPCIÓN EXTINTIVA. Sustantivamente, el honor, como decimos, es eterno, transciende la vida de la persona. Pero la necesidad de ponerle límites fija estos en función de quién sea el legitimado para su ejercicio (conforme a la redacción de los art. 4 a 6 LO):

Cuando el legitimado sea el titular, podrá ejercerlo durante toda su vida.

En caso de fallecimiento, tal derecho dependerá de la legitimación activa:

– Cuando corresponda al cónyuge, descendientes, ascendientes y hermanos del titular fallecido, se entiende que durante la vida de estos[32].

– Cuando la defensa correspondiera a persona jurídica designada en el testamento o al Ministerio Fiscal, ochenta años a contar desde el fallecimiento.

CADUCIDAD. Procesalmente se pone el límite de cuatro años, desde que el legitimado pudo ejercitarlas (9.5 LO).

---

[31] Tal reconocimiento es, como decimos, algo relativamente reciente. La postura tradicional es la negacionista, sobre la base de que el derecho privado es, por definición, un derecho patrimonial. Toda su regulación gira en torno al bien tangible: cuáles son, cómo se configuran, cómo se adquieren y transmiten. No se puede regular sobre la transmisión de la alegría o la sucesión *mortis causa* de la tranquilidad. ¿Y cómo se resolvían los conflictos sobre los bienes inmateriales? A bofetadas, a pistoletazos, a cuchillo. No es broma. Los famosos duelos existían hasta hace relativamente poco, como antes hemos referido. Recuérdese la famosa STS de 11 de marzo de 1899 –ya vigente el CC– que sentenció que *"no son indemnizables los disgustos".*

[32] Si nos ceñimos a la literalidad del art. 4.2 podría entenderse que cualquier descendiente podrá ejercitar la defensa del honor de cualquier ascendiente. Esto, además de tener la limitación natural de la vida del vulnerador, también debe interpretarse con el límite de que solo se refiere a los descendientes vivos en el momento del fallecimiento del vulnerado; o, a lo sumo, con el límite de dos grados o generaciones que establece el CC para las sucesiones.

"DIES A QUO". La jurisprudencia (entre otras, la STS de 7 de noviembre de 2019) confirma que para compatibilizar tales plazos se exigen dos cosas:

– Por un lado, el *dies a quo* comenzará "desde que lo supo el agraviado", como dispone el 1968.2.º del CC; es decir, "desde que el afectado tuvo cabal conocimiento del mismo y pudo medir su trascendencia mediante un pronóstico razonable", pormenoriza la STS.

– Por otro, que la vulneración hubiere finalizado.

En este punto advertimos que no hay que confundir:

La permanencia en el daño (o daño duradero). Que es cuando la vulneración se produce en un momento determinado (y aquí comienza el *dies a quo),* sin perjuicio de que el daño ocasionado persista a lo largo del tiempo, con la posibilidad, incluso, de agravarse por factores ya ajenos a la acción u omisión del vulnerador. Ejemplo: las publicaciones en internet, por sí solas, son permanencia en el daño, no en la vulneración –sin perjuicio de que la mayor difusión que lleguen a alcanzar por este medio pueda ser tomada en consideración a otros efectos, como la gravedad del daño causado–.

Con la permanencia en la vulneración (o daño continuado). Que es cuando la vulneración es lo que se extiende en el tiempo; es una conducta continuada del vulnerador (el *dies a quo* será cuando se produzca el resultado definitivo). Ejemplo: Una persona que ha entrado en un *"fichero de morosos"* por una situación específica, en un momento determinado, no debe permanecer en él indefinidamente; el tiempo que se encuentre injustamente en el fichero, *"el dominio del hecho"* –finalidad permanente de cambio de información, aunque luego no se consulte–, supone una *"permanencia en la vulneración"*; luego el *dies a quo* será desde que *"sale del fichero"*.

¿Cuáles son los retos de futuro? Redes sociales y personas jurídicas

"Se tarda veinte años en construir una reputación
y cinco minutos en arruinarla"
Warren Buffett[33]

I. Retos de futuro

1. Signo de los tiempos

"La fábula de la almohada".

Había una vez un hombre que, en un momento de enojo y sin pensar demasiado en las consecuencias, comenzó a hablar mal de otra persona en su comunidad. Sus palabras se extendieron rápidamente, de boca en boca, y pronto toda la aldea estaba repitiendo los rumores.

Con el tiempo, el hombre empezó a sentirse culpable y se dio cuenta del daño que había causado. Queriendo enmendar su error, acudió a un sabio y le pidió consejo sobre cómo arreglar la situación.

El sabio le dijo:

– Si realmente quieres reparar el daño, haz lo siguiente: toma una almohada de plumas, sube a la azotea de tu casa, rómpela y deja que el viento esparza todas las plumas.

El hombre, aunque desconcertado, obedeció. Subió al techo, rompió la almohada y vio cómo el viento se llevaba las plumas en todas direcciones.

Cuando regresó con el sabio, este le dijo:

– Ahora, ve y recoge cada una de las plumas que soltaste.

El hombre quedó perplejo y respondió:

– ¡Eso es imposible! El viento las ha llevado a lugares que ni siquiera conozco.

---

[33] Inversor y empresario estadounidense, reconocido por su éxito en el mundo de las finanzas y la inversión. La cita destaca la fragilidad de la reputación y la importancia de actuar con integridad.

El sabio asintió y concluyó:

– Lo mismo ocurre con las palabras que has dicho. Una vez que un rumor o una calumnia salen de tu boca, no puedes controlar adónde llegarán ni el daño que causarán. Aunque quieras retractarte, las palabras ya han volado lejos.

Seguro que conocían esta fábula; por un lado o por otro, todo el mundo la ha oído alguna vez. A mí me la contaron los Hermanos Maristas en el colegio, años ochenta, cuando los ordenadores –ZX Spectrum[34]; lo utilizábamos para juegos– eran cosa de frikis y lo de las redes sociales ciencia ficción. Imagino que en los colegios hoy no necesitan recurrir a fábulas, porque la realidad actual supera con creces la ficción. Piensen qué habría ocurrido si el "enfadica" de la historia hubiera tenido a mano un móvil y un ordenador; si hubiera tenido acceso a las redes sociales. Por muy ventoso que fuera el día, las plumas nunca podrían llegar de Madrid a Santiago de Chile en cuestión de segundos; y por muchas plumas que tuviera la almohada, nunca alcanzarían la cifra de millones.

Con razón se dice que la realidad social va muy por delante de la realidad legislativa. Si esto ocurre como norma general en cualquier ámbito, en la era de internet está completamente desbordado. La LO que regula el honor, la intimidad y la imagen es de la época en que los Hermanos Maristas contaban la fábula de la almohada en los colegios.

2. ¿Cambiamos la LO?

Ante tal escenario, son muchas las voces que se alzan en pro de un nuevo cuerpo legal que regule el honor, la intimidad y la imagen; o, dicho de otro modo, que delimite la libertad de expresión y de información en la era de internet. O, como poco, una reforma profunda de la legislación existente para adaptarse a *"los signos de los tiempos"*. Y en esta pretensión novatoria o modificatoria vuelve a aparecer la sempiterna lucha de las dos posturas enfrentadas:

Por un lado, los defensores a ultranza de la libertad de expresión e información, con carácter libertario, pretenden la "no" regulación, la liberación absoluta. En el nuevo escenario de la popularización de las RRSS e internet, regular sobre el particular es como *"poner puertas al campo"*, dicen.

Por otro, los de la piel fina, que quieren que todo este regulado, burocratizado, prohibido. Preferirían que hubiera más identificación, más censura, más fiscalización.

Siempre se ha pretendido una yuxtaposición de estas dos posturas entre políticas de izquierdas y de derechas. Yo creo que la yuxtaposición no es ideológica, sino más bien interesada. El poder, sea de izquierdas o derechas, siempre trata de coartar la libertad de expresión y de información; la oposición, sea de izquierdas o derechas, siempre defiende la libertad de expresión y de información como algo sagrado, intocable. Y aquí es donde entran en juego el derecho objetivo y la independencia judicial.

---

[34] El ordenador **ZX Spectrum**, de color negro y con su característico teclado de goma, fue uno de los microordenadores más populares de los años ochenta. Su uso se extendió masivamente entre niños y adolescentes, principalmente como plataforma de videojuegos, y se convirtió en el primer contacto con la informática para toda una generación.

Por mi parte, si se me permite, entiendo que una nueva LO —o una reforma legislativa— no solo no es necesaria, sino que además sería contraproducente. Creo que con la actual LO se están solventando estos "retos"; concretamente las dos cuestiones que más descuellan, el honor de las personas jurídicas y el impacto de las RRSS en la esfera del honor.

¿Argumentos?

En primer lugar, porque la cuestión nuclear ya está resuelta. Y, a mi entender, muy bien resuelta, sin sesgo ideológico alguno: la *"prevalencia jerárquica"* que hemos expuesto en el capítulo segundo. Libertad de expresión y de información sí, pero con límites de verdad, de necesidad, de respeto y de proporcionalidad. Si ahora *"abrimos este melón"* creo que sería imposible hacerlo desde la objetividad que se consiguió en 1982, cuando aún se estaban *"abrazando las dos Españas"*.

En segundo lugar, porque la reforma resultante hoy, mañana sería insuficiente. Cuando en los años noventa se hizo necesario afrontar la cuestión del honor de las personas jurídicas estaba incipiente en la sociedad el mundo *on line*. Cuando en los primeros años del siglo xxi se popularizó internet, estaba incipiente el mundo de las redes sociales —¿se acuerdan del *Messenger*[35]?—; y ahora que se han popularizado las redes sociales está incipiente la IA.

En tercer lugar, porque el objetivo de la LO no era una *"regulación legal sistemática"*, sino más bien sentar los parámetros de la primera regulación seria sobre la dignidad humana. Sentadas estas bases, lo ideal es que, en la medida de lo posible, se mantengan tal y como están. El que una ley de hace más de cuarenta años —la LO es del 5 de mayo de 1982— subsista, no es algo ni anacrónico ni malo ni raro, sino todo lo contrario: quiere decir que se legisló bien, y, cuando se legisla bien, la norma perdura. Piénsese en la actual Ley Sustantiva Civil, del CC, que es del 24 de julio de 1889, y subsiste; o en la antigua LEC, que duró más de un siglo; o en la actual Ley Hipotecaria. Con esta perdurabilidad, a pesar de los *"signos de los tiempos"*, se consigue, además, aquello que defendían autores tan importantes como Álvaro d`Ors, Manuel Albaladejo o Castán Tobeñas: que las leyes civiles tengan caracteres de "permanencia y estabilidad".

3. Mejor jurisprudencia

Y si no reformamos ni modificamos, ¿cómo afrontamos estos nuevos retos? Con el "vivificador" del derecho: la verdadera jurisprudencia, que no es otra que la emanada de la Sala Primera del Tribunal Supremo —al aplicar e interpretar la ley, la costumbre y los principios generales del derecho (1.6 CC)—. Quizás en esta figura, más que en ninguna otra, se hace realidad aquello de que *"la jurisprudencia es la mejor adaptación del derecho al hecho"*. Así lo ha hecho hasta ahora y, si el poder legislativo de turno se lo permite, así lo seguirá haciendo.

---

[35] *MSN Messenger* fue un servicio de mensajería instantánea desarrollado por Microsoft, lanzado en 1999 y posteriormente renombrado como *Windows Live Messenger*. Se convirtió en una de las plataformas de comunicación más populares de la época, permitiendo chats en tiempo real, intercambio de archivos, videollamadas y el uso de emoticonos y zumbidos característicos. Desapareció en 2013 con la integración de sus servicios en *Skype*.

Veamos cómo la Sala Primera, dentro de los parámetros que sienta el TC, ha desarrollado estos dos asuntos clave, que ni siquiera fueron mentados en la LO: el honor de las personas jurídicas y el impacto de las redes sociales en la dignidad humana.

II. Redes sociales

Las peculiaridades más significativas sobre las que ha tenido que manifestarse la Sala Primera son: las consecuencias de las publicaciones en «abierto»; la responsabilidad del titular de una cuenta en una red social, por las publicaciones que terceros hacen en su cuenta; y las consecuencias de la inmediatez que supone la publicación en Redes Sociales.

1. Publicar en "abierto" no es consentir

Traemos a colación una sentencia de la que ya hemos hablado (STS de Pleno de 19 de diciembre de 2019), la del pederasta que –al margen de la causa penal– interpuso acción civil por vulneración de derechos fundamentales. Recuerden que se trataba de la publicación de unas imágenes del sujeto encausado jugando con sus mascotas. En el juicio de ponderación se dirimió sobre dos cuestiones:

Si tales imágenes eran o no de "interés público". Se concluyó que no lo eran. Lo que era de interés público era su actividad delictiva, no su devoción por sus animales.

Si hubo o no consentimiento en la obtención de tales imágenes –lo que aquí nos interesa–.

¿Con base en qué se defendía que había consentimiento en la obtención de las imágenes? En que las mismas habían sido tomadas de la cuenta de una red social del propio demandante; es decir, que no era el típico caso de acoso periodístico en el que las imágenes habían sido "robadas" fotografiando a "escondidas". Y, puesto que él las había publicado en sus RRSS, en abierto, él mismo había dado su consentimiento, según la defensa del periodista demandado.

El criterio de la Sala Primera –recordado en esta STS de Pleno– fue:

– "[...] la finalidad de una cuenta abierta en una red social en Internet es la comunicación de su titular con terceros y la posibilidad de que esos terceros puedan tener acceso al contenido de esa cuenta e interactuar con su titular".

– Pero en modo alguno equivale al consentimiento expreso del art. 2 LO.

– Es decir, puedo ver las imágenes publicadas, pero no puedo hacer uso de ellas.

Recordemos que ese juicio civil lo ganó el pederasta –en cambio, fue condenado en sede penal–. Se entendió que la publicación de esas imágenes no era de interés público y, en lo que aquí nos interesa, que las mismas habían sido tomadas sin su consentimiento, luego se declaró vulnerado su derecho fundamental a su propia imagen y hubo que indemnizarle por ello.

Conclusión: las publicaciones "en abierto" en RRSS no equivalen al consentimiento del art. 2 LO.

2. Responsabilidad por los comentarios de terceros en mi cuenta de una red social. "Deber de diligencia reactiva"

Como es sabido, en las publicaciones de los medios de comunicación tradicionales, la acción, de ordinario, se dirige contra el periodista infractor y contra el director del medio y/o la empresa titular, dado que se entiende que este último también es responsable por permitirlo o, como mínimo, por negligencia omisiva. Algo parecido podemos decir para con las RRSS, y no me refiero a la empresa dueña de la red social, sino al titular de la cuenta, por lo que en ella se publique, propio o ajeno.

Veamos el criterio de la Sala con la STS de Pleno de 3 de noviembre de 2022.

Contexto de la STS. Forasteros en un pueblo de Galicia que, al poco de mudarse al municipio, intentan hacer obras en su parcela para construir una especie de guardería canina. El Ayuntamiento, por las razones que sea, no termina de darles la licencia. Pasa el tiempo y los ánimos se calientan. Lo que empieza con recursos, quejas y escritos, termina con insultos, provocaciones y denuncias.

Una guerra "rural" en toda regla: por un lado, la pareja de forasteros y quienes con ellos se solidarizan; por otro, los vecinos "de toda la vida" y el Ayuntamiento. Uno de los campos de batalla es la cuenta de Facebook de uno de los forasteros.

Objeto de litigio. En esa red social, muchos de los vecinos, amigos de los forasteros, realizan comentarios que sobrepasan los límites de la libertad de expresión. Comienzan llamándoles "terratenientes", "caciques" y "homófobos", para acabar escribiendo cosas indubitadamente faltonas e insultantes, como "gentuza" y "basura", o barbaridades del tipo *"yo les pegaba un tiro, a ellos y a su hijo"*. También hay algún comentario a favor de los "de siempre", pero, claro, como los titulares de la cuenta de Facebook son "los nuevos", estos comentarios positivos los borran; los comentarios faltones no solo no los borran, sino que los agradecen.

Ante esto, dos vecinos de los de toda la vida, ejercen acción por vulneración del honor contra el forastero titular de la cuenta de la red social. Este no pone en duda que tales comentarios son ofensivos, sino que articula su defensa en su falta de responsabilidad: él no es el autor de los comentarios ofensivos; además, no existe disposición legal alguna que le obligue a vigilar o supervisar los comentarios de terceras personas en el ejercicio de su libertad de expresión.

Aportación de la Sala. La cuestión, como es un derecho fundamental, acaba en Madrid, en la Sala de lo Civil, que acabó confirmando la responsabilidad del titular de la cuenta, por lo que en ella se publicaba, en virtud de lo que se denomina el *"deber de diligencia reactiva"*.

Ahora bien, esto no es una norma absoluta que se extienda a todas las RRSS y en todo caso, sino que este fue el veredicto de la Sala en atención a las circunstancias concretas de los Autos:

– **Conocía la existencia de los comentarios.** En el caso de Autos, los comentarios permanecieron en la cuenta sin que ejerciera ninguna de las múltiples funciones de administración y control citadas.

– **Tenía la facultad de eliminarlos**. Se tuvo en cuenta el tipo de red social en el que se produjo la vulneración, Facebook, que permite al titular amplias facultades de administración y control sobre su propio perfil. La Sala argumentó: *"puede bloquear el perfil de un tercero para que no pueda ver ni comentar sus publicaciones; permite también reaccionar a los comentarios que en ella se publiquen; darles contestación; ocultarlos; denunciarlos; marcarlos como spam; bloquear su perfil o la página que los ha publicado; e incluso eliminarlos"*.

– **No los eliminó**. No solo no borró los comentarios ofensivos, sino que además los contestó agradeciéndolos. En cambio, sí bloqueó al vecino que reaccionó en contra de tales comentarios.

Así sentenció el Supremo: *"la responsabilidad de este por no eliminarlos de su perfil público, una vez conocidos, no puede ser excusada por falta de legitimación, peligro de censura o dificultades de ponderación, puesto que existe un DEBER DE DILIGENCIA REAC-TIVA y cuidado que le obliga, ejercitando su poder de control, a su borrado inmediato. Y si no actúa y se desentiende, incumple ese deber, convirtiéndose en responsable de los daños y perjuicios causados a título de culpa por omisión derivada de dicha falta de diligencia y cuidado"*.

Con estos matices (el tipo de cuenta, el tiempo y la actitud del titular), se ve con claridad la importancia de aplicar las normas –por los jueces y tribunales– conforme al 3.1 CC, las circunstancias concretas de cada caso en particular. Por ello, como afirmábamos *ut supra*, creemos que sería un imposible una disposición legal que regulara estas nuevas circunstancias como este *"deber de diligencia reactiva"* de las RRSS. La casuística es casi infinita.

Conclusión: en virtud del *"deber de diligencia reactiva"*, el titular de una cuenta en una red social es responsable –con matices– de lo que en ella publiquen terceras personas.

3. El momento de la vulneración. La inmediatez de las RRSS

De nuestro país siempre se ha dicho –y creo que con razón– que tendemos a los extremos y en todo nos clasificamos en a favor o en contra. Tanto en las cosas serias, por ejemplo, ser de derechas o de izquierdas –no admitimos los neutros; el CDS[36] fue un sueño de verano–; como en otras menos serias, ser más *"del norte, del cantábrico"*, o más *"mediterráneo"*. A quien está enfrente, al contrario, nunca le entendemos, ni queremos. Así están *"los que les gusta la tortilla con cebolla y los que no tienen ni puñetera idea de la vida"*.

También es verdad que es un país muy tolerante, donde casi todo tiene cabida, y donde cada uno puede defender su postura, porque hay un amplísimo margen de libertad de expresión, como estamos viendo en este libro, solo limitada, en última instancia, por el sentido común. Así ocurre en el ejemplo que aquí nos va a ocupar, la tauromaquia.

---

[36] El Centro Democrático y Social (CDS) fue un partido fundado en 1982 por Adolfo Suárez con la esperanza de consolidar un espacio político de centro en España. Sin embargo, su vida fue breve: el centro, más que una ideología, es un punto de paso entre fuerzas opuestas, y, en política, quien intenta ocuparlo acaba siendo absorbido o desapareciendo. El CDS languideció en los noventa y terminó integrándose en el PP en 2006.

Los que la defienden como arte, como la mejor defensa del toro de lidia –sin la tauromaquia posiblemente desaparecería, dicen–, como algo casi religioso y uno de los signos distintivos de nuestra cultura, de nuestra historia.

Los de enfrente, a quienes nos le cabe en la cabeza cómo en pleno siglo XXI aún no se ha abolido esta práctica –miren, los británicos hace décadas que acabaron con la caza del zorro–, vergüenza nacional, resquicio de la España del garrote vil, atrasada e inculta. Algunos llegan incluso a calificar al torero de asesino.

Por muy enfrentadas e incompatibles que sean, las dos opciones tienen cabida –acuérdense de la "y" católica frente a la "o" protestante que decíamos en la introducción–, las dos se pueden defender en el ejercicio de la libertad de expresión. Siempre que haya respeto y sentido común. A este respecto, juega un papel esencial el momento en el que uno ejerce dicha libertad de expresión, como pasamos a ver con la STS que he traído de ejemplo, la del 3 de abril de 2019.

Contexto de la STS. Tarde de toros, Fiestas del Ángel, Teruel 2016. Quién estuvo ese día en el coso, seguro que no lo olvidará. El toro corneó al torero, perforándole el pulmón y afectando también al corazón; llegó muerto a la enfermería. Aunque pudiera pensarse que es un riesgo propio del oficio, la verdad es que no lo es tanto; es el único torero muerto en lo que va de siglo XXI. El dolor inmenso de su familia no hace falta describirlo, es una obviedad. O debería de serlo.

Catarroja (Valencia), también verano de 2016, concretamente al día siguiente. Hay una concejala del pueblo a quien lo ocurrido en Teruel no le parece una mala noticia, sino una buena noticia, y lo comenta. Lo dice en su cuenta de Facebook; es decir, públicamente. Sus comentarios pretenden humanizar al toro, pero lo que consiguen es deshumanizarse ella misma. Afirma que la noticia es positiva –sí, así lo dice textualmente– y que *"no puede sentirlo por el asesino"* –sí, también textualmente–, y muchas otras lindezas y detalles que justifican su alegría.

Objeto de litigio. El objeto de litigio, que nadie se confunda, no es si es legítima una postura tan animalista, tan contraria a la tauromaquia. Sí lo es, nadie lo pone en duda, pero ¿hasta el límite de equiparar el animal al ser humano? Sí, por supuesto que es legítimo, tanto creerlo como defenderlo públicamente. Esto es la libertad de expresión.

El problema está en el 3.1 CC, el texto en el contexto. Y el contexto es el que es: que la autora de tales comentarios es un personaje público, que personaliza sus opiniones en seres humanos concretos y en momentos concretos: al día siguiente del fallecimiento del torero, que tenía esposa, padres y amigos.

Aportación de la Sala. Viuda y padres del fallecido demandaron a la concejala por vulneración del honor. Las instancias lo estimaron; el Supremo confirmó. Veamos las razones.

– Cuando veíamos los límites de la libertad de expresión, uno de ellos era que las expresiones no fueran ofensivas. Aquí, el carácter vejatorio no es que fuera obvio, es que era buscado.

– Lo verdaderamente determinante para la estimación fue el elemento temporal, el momento en que lo hizo –al día siguiente– y la inmediatez –al hacerlo en Facebook su difusión es inmediata–. Por ello, en segundos, ya había un conocimiento público, a pocas horas de la cornada. Y, dada la relevancia pública de la autora (era concejala), varios medios nacionales se hicieron eco de su mensaje, e incluso llegaron a entrevistarla en una radio de ámbito nacional a raíz de este mensaje.

– La idea clave que se respira en toda la Sentencia es esa inmediatez que proporcionan las RRSS. Si estos mismos comentarios, con toda su dureza, se hubieran escrito pasado un tiempo prudencial, seguramente hubiera predominado la libertad de expresión.

Conclusión. La inmediatez que proporcionan las RRSS es un elemento más –a veces determinante– para ponderar los derechos fundamentales en litigio.

III. Personas jurídicas

1. Las personas jurídicas, ¿tienen derecho al honor?

En el primer capítulo exponíamos que el derecho al honor es algo propio y característico del ser humano, es lo que nos hace humanos. A los animales les estamos reconociendo derechos, cada vez más; el honor nunca podrá reconocerse en animales, porque nunca serán seres humanos. Y mucho menos a las máquinas.

Si nos ceñimos a la literalidad de estas afirmaciones no cabría hablar del honor en las personas jurídicas. Estas no son seres humanos, son ficciones del derecho. Hay que adentrarse, aunque sea un poco, en la razón de ser de las personas jurídicas para poder valorar si pueden, o no, ser capaces del derecho al honor.

Veamos un poco sus antecedentes.

El reconocimiento de las personas jurídicas, con sustantividad propia y capacidad de obrar, es algo relativamente moderno. Su generalización no ha sido hasta la época codificadora –código napoleónico de 1804–. El porqué lo encontramos en las propias necesidades del ser humano: para poder atender fines y/o necesidades humanas que sobrepasan la humana naturaleza, por sus dimensiones, por sus medios, por su duración, entre otras cosas. Y esto nos lleva a la base de su reconocimiento que, en última instancia, puede ser:

"**Universitas personarum**" (universalidad de personas). Es decir, que la personalidad jurídica descansa en ser un conjunto de personas en torno a un fin. Por ejemplo: proteger al lince ibérico, degustar platos típicos de la cocina noruega, o, el más común, ganar todo el dinero posible.

Por tanto, siempre se trata, en última instancia, de defender algún interés humano: mi devoción por los animales –concretamente el lince–, el placer de disfrutar de la comida nórdica o la legítima aspiración a generar ingresos

"**Universitas rerum**" (universalidad de cosas). Es decir, que la personalidad jurídica descansa en ser un conjunto de cosas. Por ejemplo: fincas de la vega baja de San Ildefonso, un patrimonio en concurso de acreedores o una herencia yacente.

Conviene tener presente que, aunque lo que define la personalidad jurídica sean los bienes en sí mismos (naturaleza real) –al margen de quienes sean los titulares presentes o en potencia–, en última instancia siempre habrá personas interesadas: quienes en un momento determinado sean propietarios de una finca de la Vega, los acreedores del concurso, o los futuros titulares de los bienes de la herencia.

Este fin o necesidad última a que responde la persona jurídica es siempre humano, estrictamente humano. Esto es la base del reconocimiento del derecho al honor en las personas jurídicas. Por lo que tal reconocimiento:

> – **No es una excepción** al hecho de que el ser humano sea titular del derecho al honor.

> – **Es una extensión**: en tanto en cuanto las personas jurídicas existen para atender fines o necesidades humanas, podrán ser titulares del derecho al honor.

Este reconocimiento, que hoy en día no se pone en duda, no estaba en la *mens legislatoris* de los ponentes de la LO del 82, sino que ha sido fruto de su interpretación y desarrollo por el TC y el TS. Veamos los matices.

2. ¿Cómo se concreta el honor de las personas jurídicas? Tribunal Constitucional

Sentado el punto de partida, la cuestión se planteó en su día desde un punto de vista superior, el de los derechos fundamentales en general, por la mítica Sentencia del Tribunal Constitucional 139/1995.

Recomiendo la lectura íntegra de esta sentencia, pero aquí sintetizaré sus puntos clave –enfocándolo siempre al honor en particular– de la manera más sencilla posible:

A) Norma general: sí

La norma general es que las personas jurídicas sí pueden ser titulares de derechos fundamentales. Tal afirmación descansa en la propia CE.

Si bien es cierto que no hay un reconocimiento expreso y generalizado –a diferencia de otras Constituciones de nuestro entorno–, también lo es que no se niega.

Además, sí que hay reconocimientos de derechos concretos, para personas jurídicas concretas:

> – El art. 16 garantiza la libertad religiosa a las entidades religiosas.

> – El art. 27 garantiza la libertad de educación a los centros docentes.

> – El 28.1 garantiza el derecho a formar confederaciones a los sindicatos.

B) Límites: sentido común

Esta afirmación de que las personas jurídicas pueden ser titulares de derechos fundamentales no supone que cualquier persona jurídica pueda ser titular de cualquier derecho fundamental.

Recordemos la justificación que hemos visto en el apartado anterior: que la razón de ser de que se pueda reconocer el honor a las personas jurídicas es que son una extensión del concepto de ser humano; es decir, que, en la medida en que las personas jurídicas existen para atender a fines o necesidades humanas, estas podrán ser titulares del honor.

La Sentencia del TC afirma que las personas jurídicas podrán ser titulares de derechos fundamentales *"atendiendo a la finalidad y razón de ser para las que han sido creadas"*. Esto no es sino sentido común.

Así, por ejemplo:

- No tiene sentido reconocer a una persona jurídica el derecho fundamental a su integridad física (art. 15 CE).

- Sí lo tiene reconocerle el derecho a la libertad de expresión y de información (art. 20 CE).

Además, se hace necesario distinguir entre personas jurídico-públicas y las jurídico-privadas.

C) Personas jurídico-privadas: más

En estas, la norma general es el sí reconocerles derechos fundamentales; eso sí, como nos dice la STS de 7 de noviembre de 2019, *"con menor intensidad que en las personas físicas"*.

En este punto, debo advertir que, de ordinario, el honor de las personas jurídico-privadas se traduce en que la vulneración de su reputación ha supuesto pérdidas económicas —la competencia o un cliente descontento que vulnera su reputación—; pero no podemos perder de vista que —como recalca esta St. del TC 139/1995— la empresa *"no está obligada a probar la existencia de un daño patrimonial en sus intereses (...) basta con constatar la intromisión en su honor"*; el honor en sí mismo.

D) Personas jurídico-públicas: menos

En estas, el reconocimiento es mucho más restrictivo, si bien no se puede generalizar. Así, distinguimos:

- Que a las personas jurídico-públicas que actúan con criterios mercantiles, se les reconocen como si de una persona jurídico-privada se tratara.

- Que, por su puesto, sí gozan de los derechos procesales del art. 24 CE.

- Y, ciñéndonos al honor, no es que no se le reconozca, sino que, según la St. del TC, es más apropiado hablar del *"prestigio y autoridad moral"* que del honor de las personas jurídico-públicas. Y este prestigio y autoridad moral se protege mejor por las vías penal y contencioso-administrativa.

3. Colectivos individualizados "ad personam"

Retomamos las explicaciones dadas para justificar el honor en las personas jurídicas, en las que concluíamos que el reconocimiento del honor a estas no es una excepción a que solo los seres humanos pueden ser titulares del derecho al honor, sino que es una extensión del concepto de ser humano. Es decir: el reconocimiento del honor a las personas jurídicas no descansa en su constitución como persona jurídica, sino en el porqué estas se constituyen en personas jurídicas: por una serie de finalidades o intereses humanos que sobrepasan la humana naturaleza individual.

La lógica consecuencia de lo dicho es que tales finalidades o intereses humanos son dignos de protección, aunque no estén constituidos en persona jurídica. Aplicando este criterio resulta que los ejemplos puestos anteriormente –los regantes de la vega baja de San Ildefonso o los amantes del lince ibérico– detentan honor, aunque no estén constituidos en persona jurídica. Y, siguiendo esta regla de tres, también podrían detentarlo, en potencia, los zurdos, los aficionados a la petanca o los que usan dentadura postiza. Esta lógica jurídica es la que aplica la merecida sentencia 139/1995 del TC para reconocer expresamente la posibilidad del honor en cualquier colectivo individualizado *ad personam*.

Su aplicación práctica en la jurisdicción ordinaria puede ser muy sencilla o tan dificultosa que sea un imposible. Así, por ejemplo:

> Resultaría muy sencilla en una comunidad de vecinos o en una sociedad de gananciales, en las que, aun no teniendo personalidad jurídica no hay ninguna duda de quiénes son concretamente, quiénes pertenecen a ese colectivo, quién puede ejercer su representación sustantiva o quiénes serían los beneficiarios de una indemnización.

> Por el contrario, piénsese en los ejemplos puestos *ut supra*: los zurdos o los amantes de la petanca. En teoría sí podrían detentar el honor, porque son un colectivo individualizado *ad personam*, pero ¿cómo articulamos su defensa?, ¿a quién corresponde su representación sustantiva?, ¿quiénes serían los beneficiarios de una hipotética indemnización por vulneración del honor?

Veamos un caso real que ni es tan sencillo como una comunidad determinada por unos bienes concretos, ni tan complicado como hablar de los zurdos: el supuesto de la STS de Pleno de 3 de abril de 2019.

"L'honor del poble de Catalunya". No sé si se acordarán de algo que el sector independentista catalán hacía todos los onces de septiembre, la *"Via Catalana cap a la Independència"*. Era algo así como una cadena humana que recorría Cataluña de norte a sur; una especie de *performance* para dar visibilidad al independentismo.

En un momento determinado, un periodista, muy enfadado, al comentar la noticia, comparó estas actitudes del sector "indepe" con las actitudes del terrorismo de ETA o de la Alemania nazi. Estamos hablando de la cadena humana de 2013, años antes del *Procés* y de los Comités de Defensa de la República (CDR)[37].

Ante estas afirmaciones, la Generalitat catalana del momento ejerce contra el periodista acción por vulneración del honor del pueblo catalán. La litis llegó a la Sala Primera. De su fallo señalamos:

---

[37] Grupos de activistas independentistas surgidos en Cataluña en 2017, inicialmente con el objetivo de organizar el referéndum del 1 de octubre y promover la movilización ciudadana. Posteriormente, algunas células adoptaron tácticas más radicales, incluyendo cortes de carreteras y acciones de sabotaje. En 2019, la Guardia Civil detuvo a varios miembros por presunta preparación de actos violentos, lo que llevó a la Fiscalía a calificarlos como organización terrorista en determinadas actuaciones.

Ponderación de derechos. En cuanto a la ponderación de derechos fundamentales, sin declararse expresamente –porque no se llegó al fondo del asunto–, se puede entender que, en potencia, sí apreció vulneración.

El independentismo catalán no es violento. En la fecha de los Autos, 2013, Terra Lliure[38] había dejado de existir y los CDR aún no existían. En cualquier caso, comparar el movimiento "indepe" con el tiro en la nunca y el coche bomba no solo no es verdad, sino que, además, es injurioso.

Tales afirmaciones sobrepasan los límites de la libertad de expresión –es injurioso– y de la libertad de información –es mentira–. Hay vulneración del honor.

Problemas. Se puso en duda la legitimidad de la Generalitat para defender los intereses del pueblo catalán; se concluyó que no solo puede, sino que además debe.

Si bien, se desestimó la demanda por *"confundir el todo con la parte"*; es decir, no se estaba vulnerando el honor del pueblo catalán, lo que se estaba vulnerando era el honor del sector independentista catalán.

Aportaciones. En lo que aquí nos interesa, lo realmente destacable de la STS es:

Que se reconoció como colectivos individualizados, *ad personam*, tanto al pueblo catalán, como al sector independentista catalán.

Además, se pusieron de manifiesto las dificultades de su articulación en un proceso.

---

[38] Organización independentista radical activa entre los años 1978 y 1995, que recurrió a la violencia para promover la independencia de Cataluña. Aunque cometió atentados con explosivos y otros actos violentos, no tuvo un impacto tan significativo como ETA en el País Vasco. En 1991, el grupo se disolvió y algunos de sus miembros se integraron en movimientos políticos independentistas, dentro de la legalidad.

Fin

A modo de conclusión del capítulo −y quizá también del libro− quiero poner de relieve, una vez más, el valor de la jurisprudencia. Ensalzar la jurisprudencia no es menospreciar la ley escrita. Es más, creo que la mejor forma de defender la ley, propiamente dicha, es dejarla estar; modificarla y rehacerla lo menos posible, y esto se consigue con una buena labor jurisprudencial.

Les cuento una curiosidad sobre la Constitución de los Estados Unidos de Norteamérica. Todo el mundo sabe que es muy vieja y que nunca se ha tocado; que, para los norteamericanos, es sagrada y que −se quiera o no− les ha posibilitado ser la primera potencia del mundo. Lo que no sabe todo el mundo es que la Carta Magna americana está inspirada, al menos en parte, en las constituciones de los dominicos, y estos eran unos grandes conocedores de la humana naturaleza.

Saco a colación este detalle porque hay una disposición en ella que a los europeos siempre nos llama la atención: los jueces del Tribunal Supremo americano son cargos vitalicios. Y los estadounidenses se toman esto muy en serio. Da igual lo que haga el juez; da igual su color político; da igual que se vuelva un vago; da igual que de repente se convierta en un justiciero; da igual ... cualquier cosa: sus decisiones son sagradas y solo se le puede revocar con la muerte.

Esto, *a priori*, da miedo. Parece que se le da al juez una especie de *"patente de corso"* y que una vez nombrado podrá hacer lo que le dé la gana. Y la verdad es que es así: puede hacer lo que le dé la gana; no está prevista ninguna forma de control sobre ellos. Tengo para mí que esto no es ningún despropósito o antigualla, sino que más bien es un voto de confianza en el ser humano. Un hombre verdaderamente libre será más justo que uno que no lo es. El hombre que solo tiene que responder ante su conciencia será más justo que aquel que ve peligrar, por cualquier motivo, su cargo, su pan, su jubilación, su prestigio... Creo que esto es bueno para todos: republicanos y demócratas, conservadores y progresistas, rojos y azules. Mejor que te juzgue un hombre libre, verdaderamente libre, que un juez afín, pero que debe peajes. Me viene a la cabeza una famosa reflexión de Julio Anguita[39]: *"lo único que os pido es que midáis a los políticos por lo que hacen; por el ejemplo. Y, aunque sea de extrema derecha, si es un hombre decente y los otros son unos ladrones, votad al de extrema derecha (...). Votad al honrado, al ladrón no le votéis, aunque tenga la*

---

[39] Julio Anguita González (1941-2020), destacado dirigente del Partido Comunista de España (PCE) e Izquierda Unida (IU). Apodado "el califa rojo", fue alcalde de Córdoba (1979-1986), diputado en el Congreso y coordinador general de IU (1989-2000). Defensor de la coherencia ideológica, la austeridad y la ética en la política, Anguita mantuvo un discurso firme y crítico con el sistema bipartidista, acuñando la conocida frase: "Programa, programa, programa". https://www.youtube.com/watch?v=IqZt4ubrxto.

hoz y el martillo (...)". Y Julio era el jefe del Partido Comunista. Que Dios lo tenga en su gloria.

Por esto perdura la Constitución Americana. Cuando aparecen nuevos problemas, no se plantean cambiarla: se inspiran en ella y dejan hacer al Poder Judicial. Confían en su Tribunal Supremo y no parece que les haya ido nada mal.

Lo que quiero destacar no es la naturaleza vitalicia de los cargos —que quizá no estaría nada mal—, sino cómo la confianza en el Poder Judicial hace que las leyes perduren. Y que una ley perdure es algo bueno.

En lo que aquí nos interesa, el honor, la intimidad e imagen, creo que la Sala Primera ha demostrado ser merecedora de confianza. De la jurisprudencia menor se dice aquello de que *"es la mejor adaptación del derecho al hecho"*. De esta jurisprudencia "mayor" podemos decir que es la mejor adaptación del derecho a las nuevas realidades sociales, tanto en su calidad técnica como en la independencia con la que han afrontado las polémicas.

Precisamente, en reconocimiento de este mérito indudable, dedico este libro a la Sala Primera de nuestro más Alto Tribunal.

Epílogo

Le he pedido a mi hija mayor, de trece años, que lea el libro. Se llama Luján, saca buenísimas notas y le encanta el Derecho. Quiere ser registradora de la propiedad. Me dice que lo ha entendido, que hasta le ha gustado. Luego he sondeado un poco con preguntas, y sí, es verdad que lo ha entendido. Vale que es muy empollona y lista –orgullo de padre–, pero no deja de ser una adolescente a la que le queda una pila de años para pisar la Facultad de Derecho. Dicho de otro modo: creo que me he sabido explicar de forma sencilla –autobombo total–.

Como decía en la introducción, ese es –en cuanto a la forma, el estilo– el objetivo del libro: que se pueda leer, que no sea una suma de datos ininteligibles y sin conexión. Así podré decirme a mí mismo que yo lo he entendido primero... Lo de Einstein: *"Si no lo puedes explicar de forma sencilla, es que no lo entiendes lo suficientemente bien"*.

Confío en que el lector opine igual y que, por lo tanto, tenga una idea clara del concepto jurídico del honor, aquí y ahora. Si no es así, e igualmente ha llegado al final, tiene usted mucho mérito. En cualquier caso: ¡GRACIAS!

En Toledo, a 19 de marzo de 2025

Solemnidad de San José

Bibliografía

ALBERCA, MANUEL: *La espada y la palabra: vida de Valle-Inclán*, Barcelona, Tusquets Editores, 2015.

ARISTÓTELES: *Ética a Nicómaco*. Traducción de Antonio Gómez Robledo. México, UNAM, 2004.

ATIENZA, MANUEL: *Sobre la creación judicial del Derecho*, Madrid, Editorial Trotta, 1993.

BRIGHTON, TERRY: *El valle de la muerte. Balaclava y la carga de la Brigada Ligera*, Barcelona, Edhasa, 2005.

BUFFETT, M., & CLARK, D.: *El Tao de Warren Buffett: La sabiduría de un genio*, Madrid, Ediciones Urano, 2007.

CALDERÓN DE LA BARCA, PEDRO: *El alcalde de Zalamea*, Madrid, Imprenta Real, 1636.

CICERÓN, MARCO TULIO: *De Legibus*, Madrid, Alianza Editorial, 2016. Traducción y notas de José Guillén.

HERAS VIVES, L. DE LAS: "El derecho a la propia imagen en España. Un análisis desde el derecho constitucional, civil y penal", Valencia, Actualidad Jurídica Iberoamericana, 2018, n.º 8.

INSTITUTO NACIONAL DE ESTADÍSTICA (INE): "Encuesta sobre equipamiento y uso de tecnologías de información y comunicación (TIC) en los hogares", Madrid, INE, 2024.

MILL, JOHN S.: *On Liberty*, Londres, John W. Parker and Son, 1859.

PÉREZ-REVERTE, ARTURO: *Las aventuras del Capitán Alatriste* (7 volúmenes), Madrid, Alfaguara, 1996-2011.

PUBLILIO SIRO: *Sentencias morales*, edición bilingüe latín-español, Madrid, Editorial Gredos, 2004.

VEGA RUIZ, ROSA M. DE: *El derecho a la intimidad en la jurisprudencia constitucional*, Madrid, Editorial Reus, 2002.

ZALOGA, STEVEN J.: *Poland 1939: The Birth of Blitzkrieg*, Londres, Osprey Publishing, 2002.

WEISS, JOSEPH S.: *Historias judías de sabiduría*, Buenos Aires, Editorial Paidós, 2003.

ORDEN DE PREDICADORES: *Libro de las constituciones y ordenaciones de la Orden de Predicadores*, Madrid, Editorial OPE, 1985.

Webgrafía

Según el sitio web FamousScientists.org, la cita es comúnmente atribuida a Einstein, pero no hay evidencia de que realmente la haya dicho.

Ministerio de Defensa, "8 de diciembre, festividad de la Inmaculada Concepción", Museo del Ejército, 8 de diciembre de 2020, https://ejercito.defensa.gob.es/museo/HECHOS_ HISTORICOS/HECHOS_HISTORICOS/12.08_diciembre_FESTIVIDAD_INMACULADA_ CONCEPCION.html.

Jefatura del Estado (2023). "Real Decreto-ley 5/2023, de 28 de junio, por el que se adoptan y prorrogan determinadas medidas de respuesta a las consecuencias económicas y sociales de la Guerra de Ucrania, de apoyo a la reconstrucción de la isla de La Palma y a otras situaciones de vulnerabilidad; de transposición de Directivas de la Unión Europea en materia de modificaciones estructurales de sociedades mercantiles y conciliación de la vida familiar y la vida profesional de los progenitores y los cuidadores; y de ejecución y cumplimiento del Derecho de la Unión Europea". «Boletín Oficial del Estado» (BOE) n.º 154, 90634-91112. Recuperado de https://www.boe.es/buscar/act.php?id=BOE-A-2023-15135.

Asamblea General de las Naciones Unidas (1948). *Declaración Universal de Derechos Humanos.* Recuperado de https://www.un.org/es/about-us/universal-declaration-of-human-rights.

Asamblea General de las Naciones Unidas. (1989). *Convención sobre los Derechos del Niño.* Recuperado de https://www.un.org/es/events/childrenday/pdf/derechos.pdf.

Unión Europea (2016). *Carta de los Derechos Fundamentales de la Unión Europea.* Diario Oficial de la Unión Europea, C 202, 7 de junio de 2016, pp. 389-405. Recuperado de https:// eur-lex.europa.eu/legal-content/ES/TXT/PDF/?uri=CELEX %3A12016P %2FTXT.

Cortes Generales (1978). *Constitución Española.* «BOE» n.º 311, 29 de diciembre de 1978. Recuperado de https://www.boe.es/boe/dias/1978/12/29/pdfs/A29313-29424.pdf.

Jefatura del Estado (1982). "Ley Orgánica 1/1982, de 5 de mayo, de protección civil del derecho al honor, a la intimidad personal y familiar y a la propia imagen". «BOE» n.º 115, 14 de mayo de 1982, páginas 12546 a 12548. Recuperado de https://www.boe.es/boe/ dias/1982/05/14/pdfs/A12546-12548.pdf.

Ministerio de Gracia y Justicia (1889). «Real Decreto de 24 de julio de 1889 por el que se publica el Código Civil». Gaceta de Madrid n.º 206, de 25 de julio de 1889. Recuperado de https://www.boe.es/buscar/pdf/1889/BOE-A-1889-4763-consolidado.pdf.

Jefatura del Estado (2000). "Ley 1/2000, de 7 de enero, de Enjuiciamiento Civil". «BOE» n.º 7, de 8 de enero de 2000. Recuperado de https://www.boe.es/boe/dias/2000/01/08/ pdfs/A00575-00657.pdf.

Jefatura del Estado (1995). "Ley Orgánica 10/1995, de 23 de noviembre, del Código Penal". «BOE» n.º 281, de 24 de noviembre de 1995. Recuperado de https://www.boe.es/buscar/act.php?id=BOE-A-1995-25444.

Consejo General del Poder Judicial (s.f.). Buscador de Jurisprudencia del CENDOJ. Recuperado de https://www.poderjudicial.es/cgpj/es/Servicios/Jurisprudencia/.

Jefatura del Estado (2018). "Ley Orgánica 3/2018, de 5 de diciembre, de Protección de Datos Personales y garantía de los derechos digitales". «BOE» n.º 294, de 6 de diciembre de 2018. Recuperado de https://www.boe.es/buscar/act.php?id=BOE-A-2018-16673.

Jefatura del Estado (1989). "Ley Orgánica 2/1989, de 13 de abril, Procesal Militar". «BOE» n.º 89, de 14 de abril de 1989. Recuperado de https://www.boe.es/buscar/doc.php?id=BOE-A-1989-8444.

Congreso de los Diputados. (s.f.). Sinopsis artículo 26 - Constitución Española. Recuperado de https://app.congreso.es/consti/constitucion/indice/sinopsis/sinopsis.jsp?art=26&tipo=2.

Diccionario de la lengua española (23.ª ed.), Real Academia Española, 2014. Recuperado de https://dle.rae.es/honor.

Consejo de Europa (1950). "Convenio para la Protección de los Derechos Humanos y de las Libertades Fundamentales". Recuperado de https://www.echr.coe.int/documents/d/echr/convention_spa.

Jefatura del Estado (2004). "Real Decreto Legislativo 8/2004, de 29 de octubre, por el que se aprueba el texto refundido de la Ley sobre responsabilidad civil y seguro en la circulación de vehículos a motor". «BOE» n.º 267, de 5 de noviembre de 2004. Recuperado de https://www.boe.es/buscar/act.php?id=BOE-A-2004-18911.

Departamento de Estado de los Estados Unidos (s.f.). *Constitución de los Estados Unidos de América*. Recuperado de https://www.state.gov/wp-content/uploads/2020/05/SPA-Constiution.pdf.

Declaración de Julio Anguita realizada durante una asamblea local de Izquierda Unida en Coín (Málaga) el 18 de mayo de 2015. Recuperado de: https://www.youtube.com/watch?v=IqZt4ubrxto.

Jurisprudencia del Consejo General del Poder Judicial. http://www.poderjudicial.es/cgpj/es/Servicios/Jurisprudencia/Buscador-Fondo-Documental-Jurisprudencia/.

Constitución Española. «BOE» n.º 311, de 29 de diciembre de 1978. https://www.boe.es/eli/es/c/1978/12/27/(1).

Real Decreto de 24 de julio de 1889 por el que se publica el Código Civil. Gaceta de Madrid n.º 206, de 25 de julio de 1889. Ministerio de Gracia y Justicia. https://www.boe.es/buscar/act.php?id=BOE-A-1889-4763

Ley 1/2000, de 7 de enero, de Enjuiciamiento Civil. «BOE» n.º 7, de 8 de enero de 2000. Jefatura del Estado. https://www.boe.es/buscar/act.php?id=BOE-A-2000-323.